Das Schwarze Holz

Tobias Könemann

Das Schwarze Holz

Erzählungen

Pandämonium Verlag

FSC
www.fsc.org
MIX
Papier aus verantwortungsvollen Quellen
Paper from responsible sources
FSC® C105338

1. **Auflage Dezember 2017**

Umschlagbild: Tobias Könemann
Illustrationen: Tobias Könemann
www.sidh-art.de

Layout und Umschlaggestaltung: Gerd Frey
Druck und Vertrieb: Books on Demand GmbH, Norderstedt
Made in Germany
ISBN: 978-3-944893-13-6

Tobias Könemann
Anno 2017
Was ich bin, das werdet Ihr.
Was Ihr seid, das war ich

Die kränkliche Lilie

Oh, du schöne Lilie!

Unterm Galgen stehst du fein,
Fängst alle faulen Säfte ein.
Du machst keinen Unterschied,
Ob Mörder, Fälscher oder Dieb.
Ein jeder dir das Leben schenkt,
Hoch über deinem Haupte hängt.

Doch ach, du schaust so kränklich drein,
Kein strahlend Nimbus nennst du dein.
Von nun an werd ich Lump dich nähren,
Durch meine Säfte, die schon gären.
Will schenken dir ein neues Licht,
Das aus dem kranken Leib mir bricht.

Anastasia

Manche Flecken im Leben sind mit keinem Reiniger zu beseitigen. Wie zu einem neuen Stoff verschmolzen, ist es fast unmöglich, sie von der Oberfläche zu entfernen. Sie sind eingebrannt. Selbst der fürchterlich scharfe Essig verfehlt seine Wirkung. Der einzige Effekt, der sich einstellt, ist, dass mein entzündetes Nagelbett wie Feuer brennt. Zumindest überdecken die beißenden Essigdämpfe kurzzeitig den schrecklichen Gestank, der mich seit Tagen quält und in meiner Kleidung haust, ja sich anscheinend sogar auf meiner Haut, wie eine dünne Schicht, niedergelegt hat. Mittlerweile bin ich mir nicht mehr sicher, inwiefern ich meiner eigenen Wahrnehmung vertrauen kann. Aber es kommt mir vor, als ob ich ein neues Gespür für einzelne Geruchsnuancen entwickelt hätte. Vielleicht nehme ich sogar Gerüche wahr, die ich zuvor, durch die Beschränktheit meiner Sinne, nicht ausmachen konnte? Damals noch dachte ich, dass ranziges Fett zu den schlimmsten Gerüchen auf der Welt gehört. Heute jedoch würde ich eher sich zersetzende Eiweiße an oberster Stelle platzieren. Das Gewicht dieses Gestanks ist so erdrückend, dass man meinen möchte, ihn mit den Händen greifen zu können. Aber wie dem auch sei. An eine Gewöhnung ist nicht zu denken. Ich muss hier raus. Zumindest für eine Weile. Hier gibt es keinen Frieden.

Ich verlasse das Haus. Meine Augen gewöhnen sich so gut wie übergangslos an die Dunkelheit, denn der volle Mond gießt sein silbergraues Licht auf die umliegenden Schindeldächer. Als ich den ersten Schritt vor die Tür setze, scheint mich die kühle Nachtluft wie mit einem Hammer erschlagen zu wollen. Meine Lungen schaufeln unerträglich viel Sauerstoff in mich hinein. Mein Puls rast. Mir wird kurzzeitig schwindlig. Nur mit Mühe schlage ich den Kragen meiner Jacke hoch und beobachte meinen eigenen Atem, der sich wie zähflüssige Tinte in einem Wasserglas vor mir ausbreitet und genauso schnell wieder verschwindet. Die Kälte hat gewiss auch ihre guten Seiten. Erst jetzt wird mir bewusst, wie klar mein Kopf und meine Gedanken sind. Für einen Moment habe ich das Gefühl, dass ich noch nie solch einen klaren Kopf hatte. Der Frost haucht mir neues Leben ein. Ich sehe alles deutlich vor mir. Fühle alles, schmecke und rieche alles. Die Nacht ist sternenklar. Ich schaue zum Himmel, hebe meine linke Hand über mein Gesicht, spreize die Finger und versuche einzelne Sterne durch sie hindurch zu fixieren. Mit meinen Fingerspitzen greife ich nach ihnen und versuche sie festzuhalten.

Mein Kopf fängt wieder an zu rasen. Der Blick wird trübe und unscharf. Die Straße ist von Laternen beleuchtet, die solch ein wässriges Licht werfen, dass sich zwischen ihnen die schwarze Nacht wie Teer ergießt. Ich schaue mich um und gehe die Straße entlang. Der Tag ist vor Stunden schon verstorben und die Nacht hat den gähnenden Abgrund geöffnet, der die Menschen dazu veranlasst, ihre Nester wie die Ratten zu verlassen. Menschen, die man tagsüber nie zu Gesicht bekommen würde, da die Schönheit der Sonne ihr hässliches Wesen nicht verbergen könnte. Dennoch fühle ich mich unter diesen, zu denen wahrscheinlich Mörder, Vergewaltiger, Betrüger und Diebe gehören, sicherer als unter den Menschen des hellen Tages. Der schneidende Ton einer Glocke reißt mich aus meinen Gedanken. Ich springe rasch zur Seite. Mit donnerndem Grollen rauscht eine Pferdekutsche dicht an mir vorbei, die ich, in Gedanken versunken, anscheinend nicht wahrgenommen habe. Während die Kutsche abwechselnd durch die Lichtkegel der

Gaslaternen und durch tiefschwarze Schatten poltert, erkenne ich eine Gestalt oben aufsitzend, die sich blitzartig nach mir umdreht und mich anstarrt. Von der Statur her einem Kinde ähnlicher als einem Manne. Einzig das aschfahle Haar stört den Eindruck. Das kleine Männlein scheint mir etwas entgegenzurufen, doch jeder Ton wird von den scheppernden Wagenrädern verschluckt. „Mein Licht bricht die Seelen!", ist das einzige Fragment, das mein Geist, scheinbar wahllos, aus den verzerrten Mundbewegungen des Männleins und dem ohrenbetäubenden Getöse zusammenbaut. Ein Hirngespinst. Nach kurzer Zeit ist die Kutsche hinter der ersten Straßenecke verschwunden und die Nacht wird wieder still und leer.

„Ach, in welch finsteren Zeiten lebe ich?"

Der Lavendel an der Straße atmet schweren Nebel. Meine Sinne sind immer noch bis aufs Höchste justiert und geschärft. So als ob jeder einzelne Nerv meines Körpers freiliegen würde. Bis aufs Blut gepeitscht und pulsierend.

„Ich muss dringend etwas trinken", schießt es mir durch den Kopf.

Das vor mir liegende Wirtshaus ist dafür bekannt, dass es zuweilen die zwielichtigste Kundschaft anlockt. Vom Wegelagerer bis zum Falschspieler ist hier alles zu finden. Ein Moloch, ein Tor zur Hölle, wie es jede kleinere und größere Stadt beherbergt. Das einfache Volk verirrt sich nur selten hierher. Und wenn doch, dann nicht um ein paar gesellige Stunden zu verbringen. Ich öffne die schwere Eingangstür und trete ein. Die Spelunke ist muffig, dunkel und die Luft zum Schneiden dick. Das gedimmte Licht verzerrt die Gesichter der anwesenden Gäste zu grässlichen Fratzen, von denen nur wenige meine Ankunft überhaupt wahrnehmen. Durch widerlichen Gestank, unerträglichen Lärm und undurchdringbaren Dunst schleiche ich durch den Raum. Alle geistige Klarheit von eben verschwindet von einer Sekunde zur anderen. Ich werde trunken, ohne auch nur einen einzigen Tropfen getrunken zu haben. Wie im Fieberwahn taumele ich in eine schummrige Ecke, setze mich und stütze mein Gesicht in beide Hände. Der Schweiß rinnt mir aus allen Poren. Schwindel, Irrsinn, Walpurgisnacht. Tanzende Farben und Fratzen, flimmernde Luft, Hitze und Schwüle. Der Wahnsinn prügelt sich um mich. Ein einsamer Musikant, der auf einer umgedrehten Holzkiste steht, untermalt die Szenerie mit Flammen, die aus seinem Mund und seinen Fingern zu lodern scheinen. Katzenjammer und Kindergeschrei, das mir das Blut gefrieren lässt. Ich nicke ihm wohlwollend zu, obwohl mich sein Spiel rasend macht. Ohne mein Nicken zu erwidern schaut mich der Spielmann für einen kurzen Moment elektrisierend an und beginnt, scheinbar böswillig, mir messerscharfe Notensalven entgegenzuschleudern, die mir schier die Kehle zuschnüren. Abermals vergrabe ich mein zerfurchtes Gesicht in meinen Händen.

„Kein Mensch kann diesen Irrsinn ertragen!“, presse ich halblaut hervor.

Durch meine Venen fließt Salpeter, beißende Lauge und Feuer. Ich rappele mich auf und gebe der Kellnerin mit einer müden Handbewegung zu verstehen, dass ich bestellen möchte. Ich bestelle Branntwein. Das einzig taugliche Getränk an solch einem Abend. Ein Korken nach dem anderen entlässt die Weingeister aus ihrem milchig grünen Gefängnis. Irgendwann macht es keinen Sinn mehr, sie zu zählen. Ich schaue auf den Tisch, blicke hoch und schließe kurzzeitig die Augen. Wieder auf das Glas blickend, scheint dieses plötzlich zu rotieren, sich gar vom Tisch zu erheben. Es verharrt in einigen Zentimetern über der Tischoberfläche und dreht sich bedächtig um die eigene Achse. Ich kneife ungläubig die Augen zusammen, öffne sie ... das Glas steht wieder still. Wie lange das Schauspiel dauerte, ist mir unbekannt. Vielleicht eine Minute, vielleicht eine Stunde. In meinem Augenwinkel schleicht sich eine Bewegung ein, die mich aufschrecken lässt. Dennoch beachte ich die Person, die sich mir gegenüber am Tisch niederlässt, nicht weiter. Ein falscher Blick oder ein falsches Wort kann schließlich, in dieser Kaschemme, bereits eine Schlägerei heraufbeschwören. Die Zeit verstreicht, ohne dass ich auch nur einmal aufschaue. Manchmal scheint es mir, als ob ich einzelne Atemzüge meines Sitznachbarn auf der Haut wahrnehme, worauf sich mir die Nackenhaare aufstellen. Hier und da ist das Knistern von Stoff zu vernehmen. Dem Geräusch nach durch eine schwere Oberbekleidung hervorgerufen. Ein unangenehmes Gefühl macht sich in mir breit. Irgendwann halte ich es nicht mehr aus, die Neugier siegt und ich schaue zögerlich zu meiner Linken. Mir gegenüber sitzt ein dicker, glatzköpfiger Mann mit roten Wangen und schweißtriefender

Stirn, der mir starr in die Augen blickt. Sein Gesichtsausdruck ist für mich unlesbar, obwohl ich der festen Überzeugung bin, dass ich ein hohes Maß an Menschenkenntnis besitze. Doch dieses Gesicht ist wie aus Wachs gegossen, welches in der unmöglichsten Position erstarrte. Er muss betrunken sein. Anders kann ich mir sein Verhalten nicht erklären. Als er aufsteht und sich dicht neben mir niederlässt, werde ich jedoch eines Besseren belehrt. Denn sein Gang ist voller Leichtigkeit. Für eine solch plumpe Figur fast schon elegant und grazil. Sein eingefrorener Blick hat die ganze Zeit über nicht von mir abgelassen, sein Mund noch keine Silbe hervorgebracht. Nach schier endlosen Minuten kommt Bewegung in das maskenhafte Gesicht.

„So sieht man sich wieder", spricht der fremde Gast mit einem unnatürlichen Lächeln auf den Lippen. Die anscheinende Vertrautheit verwundert mich weniger als der Ton der Stimme, welcher in keiner Weise zu der Gestalt dieses feisten Wichtes passt. Die Stimme erschallt tief und hallend, als ob ihr Ursprung in einer weit entfernten Ecke des Raumes zu suchen wäre.

„Entschuldigung, aber ich glaube, dass hier eine Verwechslung vorliegt. Denn, um ehrlich zu sein, sind sie mir gänzlich unbekannt."

Sofort fühle ich mich ein wenig beschämt, da es mir nicht möglich war, meine Unsicherheit zu überspielen. Mein Gegenüber runzelt schelmisch die Stirn.

„*Horribile dictu*! Eine doch recht kalte Begrüßung für einen solch alten Freund, meinst du nicht auch? Aber na gut, wie dem auch sei. Für eine lange Zeit sind wir Seite an Seite gegangen. Wenn deine Hand zitterte, habe ich sie geführt. War dein Gang unsicher, habe ich dich gestützt. Und war dein Weg dunkel, habe ich ihn erhellt."

Die Monotonie seiner dunklen Stimme ist hypnotisierend. Es dauert daher einige Momente, bis das Gesagte meinen Geist erreicht. Dieser Lump muss von Sinnen sein. An eine Verbindung zwischen mir und ihm kann ich mich beim besten Willen nicht erinnern. „Ich kann mich nur wiederholen. Dies muss ein Irrtum sein. Ich kann mich nicht entsinnen, Sie zu kennen. Daher möchte ich sie höflich bitten, dieses Gespräch nun ruhen zu lassen." Die schelmische Mimik meines Gastes ist einem ernsten Gesicht gewichen, das immer noch einen Hauch von Hohn in sich trägt. Sofort ahne ich, dass dieses Gespräch damit noch nicht beendet ist.

„Nun denn. Ich frage mich jedoch, was Anastasia dazu wohl sagen würde? Denkst du, dass sie deine abweisende Art mir gegenüber gutheißen würde? Ganz nebenbei: Einen tüchtigen Schlag hast du ihr verpasst! Und wie sie röchelte, als die blaue Zunge ihrem Halse entwischen wollte und sie sich krampfhaft an das Leben krallte! Welch amüsante Szenerie, ha ha!"

Bei diesen Worten zucke ich unwillkürlich zusammen. Mein Glas rutscht mir aus der Hand und schlägt auf der Tischplatte auf. Jedoch ohne zu zerbrechen.

„Aha! Nun kehrt sich doch das Innerste nach außen. Bist ein

Gaukler! Ein Zauberkünstler gar, der sich auf faule Tricks versteht. Zeig dem Pöbel ruhig deine Kunststückchen! Aber von mir bekommst du keine Almosen für deine Taschenspielertricks. Und nun geh, bevor ich mich vergesse und dir den Hals umdrehe!“

Noch während ich tobe, wird mir die Unsinnigkeit meiner Worte bewusst. Denn dieser Mann kann weder ein Gaukler noch ein Zauberkünstler sein.

„Es wird Zeit zu gehen“, höre ich ihn sagen, dann reißt ein dumpfer Ton mich aus meiner Raserei. Dröhnend wie ein Bienenschwarm und so tief, dass mir das Blut zu kochen und zu brodeln beginnt. „Halt brav deine Knochen zusammen, Freundchen! Alles will zum Teufel!“, höre ich jemanden rufen. Es kommt Bewegung in den ganzen Raum. Die Wände, Decken und das Mobiliar scheinen binnen Sekunden zu rosten und zu verrotten. Erst jetzt bemerke ich, dass alle anwesenden Gäste der Spelunke sich mir zugewandt haben. Ein jeder Blick auf mir haftend, mit verkrampften Gesichtszügen, die ein abscheuliches Grinsen auf jedermann formen. Einige von ihnen haben sich bereits erhoben und kommen mit langsamen Schritten auf meinen Tisch zu. Schnell scheine ich umstellt zu sein. An eine Flucht ist nicht zu denken, denn als ich mich vom Tisch erhebe, knicken meine Beine ein wie bei einer hölzernen Puppe. Krachend schlage ich, mit dem Kopf voran, auf den schmutzigen Holzbohlen auf. Ein Dutzend schwerer Stiefel kommen näher und näher. Dann bricht ein Gewitter über mich herein. Das Gesindel rast

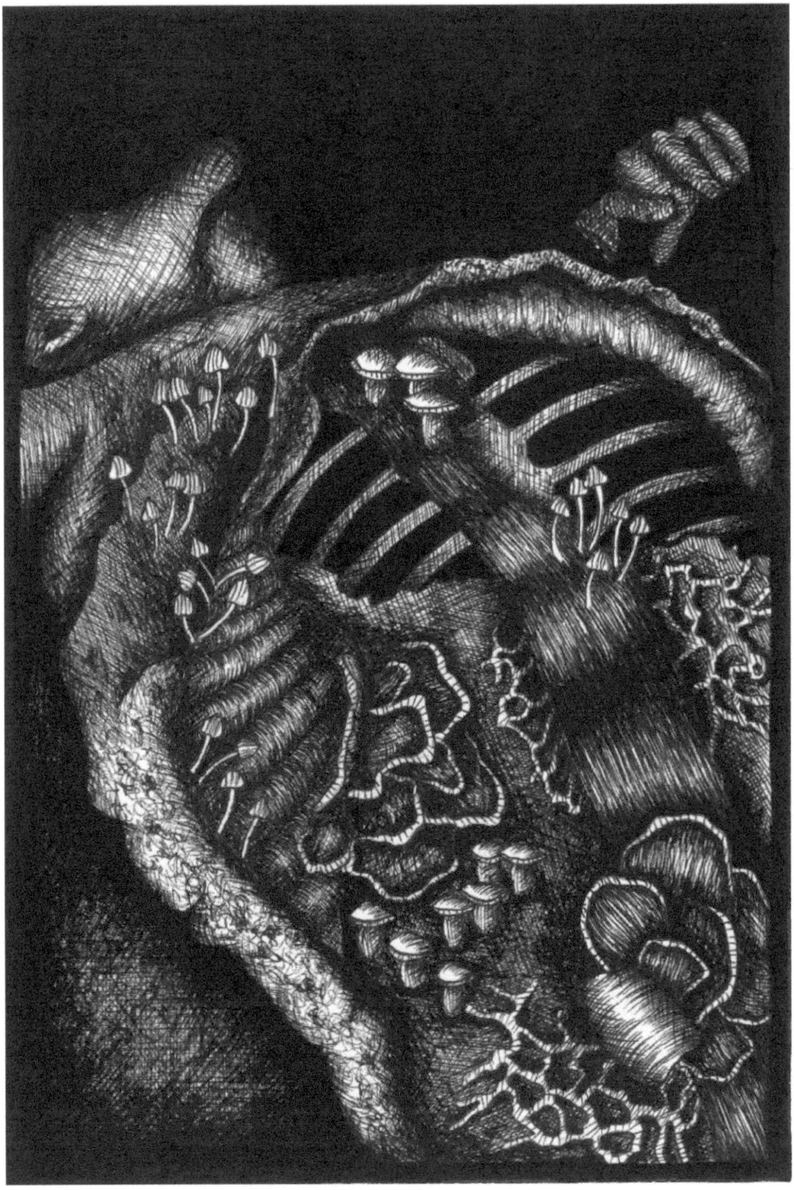

plötzlich wie wild. Mit Messern, Scherben, ihren Zähnen und Fingernägeln gehen sie auf mich los. Ich rutsche senkrecht in die Hölle hinab, werde vernichtet. Man lässt nach kurzer Zeit von mir ab und steht erwartungsvoll um meinen zerlegten Körper herum. Ich muss tot sein, denn ich spüre nichts mehr. Doch warum endet dann dieser Alptraum nicht? Warum liege ich noch an Ort und Stelle? Ich versuche den Kopf zu heben, um zu sehen, was um mich herum geschieht. Aus meinem offenen Torso sehe ich Pilze und Flechten emporschießen, die zarte Strukturen bilden und alsbald meinen ganzen Oberkörper umwuchern. Der feiste Wicht muss indessen anscheinend achtgeben, dass die Meute nicht den letzten traurigen Rest von mir zerschlägt. Denn diese stehen immer noch in Lauerstellung und warten nur auf das Signal, sich abermals über mich herzumachen. Es ist still und ich höre, wie der „Gaukler“ mit schnellen Schritten auf mich zukommt. Neben meinem Kopf niederkniend, flüstert er, beinahe zärtlich, in mein Ohr:

Das Auge matt und leer und blind.
Kein Blut mehr durch die Adern rinnt.
Die Finger krampfend zum Gebet.
Ein jeder Knochen arg verdreht.

Der Giebel hält das Gleichgewicht.
Solang das morsche Holz nicht bricht.

Wenn Regen auf die Schindeln klopft.
Ihr Antlitz von den Balken tropft.

Mein Licht bricht die Seelen!

Meine Augäpfel schrauben sich nach oben in die Stirnhöhle. Das Letzte, was ich sehe, bevor tiefes Schwarz mich umgibt, ist das Gesicht des kindlichen Kutschers mit dem aschfahlen Haar, der über mich gebeugt an meiner Kopfseite kniet.

Es ist still um mich herum. Wie viel Zeit mittlerweile vergangen ist, kann ich nicht sagen. Langsam versuche ich, die Augen zu öffnen. Die Kruste, die meine Lider zusammenhält, lässt darauf schließen, dass ich sie schon lange nicht mehr geöffnet habe. Es ist alles schwarz um mich. Ich liege anscheinend in einem Bett. Mein Kopf ist in ein weiches Kissen eingegraben und eine Decke ist bis zu meinem Hals hochgeschlagen. Schleppend richte ich mich und meine schmerzenden Glieder auf und versuche irgendetwas in meinem Umfeld zu erkennen. Ich weiß weder, wo ich mich befinde, noch warum ich hier bin. Gerade in dem Moment, als ich mich vom Bett erheben will, höre ich, wie jemand neben mir sachte atmet. So leise jedoch, dass ich Minuten lang verharre, um herauszufinden, ob es sich wirklich um Atemzüge handelt. Erst jetzt nehme ich den stechenden Gestank wahr, der mir so vertraut ist. Nur schwerlich gelingt es mir, mich nicht zu übergeben. Ich erhebe mich langsam vom Bett und wandele blind durch das dunkle Zimmer. Nach geraumer

Zeit ertaste ich mit der Hand einen Fensterrahmen, vor dessen Scheibe ein schwerer Vorhang zu hängen scheint. Dennoch spüre ich die Kälte, die von dem Glas ausströmt. Dieselbe Kälte, die mir noch vor Kurzem Leben einhauchte, scheint nun unerreichbar von mir getrennt zu sein. Die Angst packt mich. Krampfhaft zerre ich, unter Geschrei, den Vorhang vor dem Fenster herunter. Gleißendes Licht durchströmt den ganzen Raum. Ich wende meine schmerzenden Augen ab und drehe mich um. Ein erschrockener Schrei entweicht meiner Kehle. Dicht vor mir hängt sie von der Decke herab. Ein ranziger Fleck undefinierbarer, eingetrockneter Flüssigkeiten unter ihr auf den Bohlen. Ihr hübsches, weißes Kleidchen in einem Luftzug wehend, während sie mich mit ihren milchigen Augen verfolgt. Das Licht entzündet mich. Fleisch und Knochen aus Schwefel und Phosphor.

„Ich tat es doch für dich! Für uns!“

Krieg

Du holder Künstler! Keiner kommt an dich heran.
Ein jeder Mensch ist deine Muse.
Das Portrait ist deine Kür.
Zauberst Gefühle in Gesichter, die ohnegleichen sind.
Der reinste Sinn schöpferischer Kraft! Erschaffst aus dem Nichts.
Dabei ist deine Farbpalette eher dürftig.
Angst, Schrecken, Blut und Wundwasser. Mehr brauchst du nicht.
Führe den Pinsel über ihre Gesichter und erschaffe!

Der Tote spricht:
„Ach, wie tapfer habe ich gekämpft! Mein Land mit Schweiß und Blut verteidigt. Du da! Lebender! Komm her! Nimm das Stück Kreide und schreibe auf:
Zehn Mann, vier Kinder und zwei Frauen schlagen zu Buche.
Hole mir meinen Orden und steck ihn mir dort an den faulen Stumpen, der einst mein Bein gewesen. Die Welt soll sehen, was für ein Held ich bin!"

Im Schatten des Sturms

Seit Stunden irrte er nun schon durch die Tiefebene. Es schien ihm, als wäre er das einzige Lebewesen in dieser unwirklichen Nacht, die, von Blitzen und Donner durchzogen, die wildesten Schatten auf die Rinde der Bäume, den vernarbten Erdboden und die tiefhängenden Wolkenschwaden zeichnete. Einen Unterschlupf zu finden war unmöglich, da der Regen schier waagerecht in der Luft stand und ihn von allen Seiten her zornig auspeitschte. Durch die stetig aufleuchtenden Blitze sah er, wie das Regenwasser in Sturzbächen an ihm vorbeirauschte; einer zweiten Sintflut gleich, die alles, was zu schwach war um sich festzukrallen, mit sich fortnahm und verschluckte. In den kurzen Augenblicken, in denen das nervöse Zucken des Himmels ausblieb, bestand die Welt um ihn herum vollends aus verschiedenen Schwarztönen, die unmöglich voneinander zu trennen waren.

Nach endlosen Stunden erblickte er in der Ferne, durch das Wetterleuchten erhellt, eine verschwommene Kontur. Mit jedem weiteren Schritt wurden die Umrisse eines Gebäudes sichtbar, das einsam auf einer Anhöhe stand und mahnend über allem thronte. Ein schwaches Licht schien von ihm auszugehen. Eilig beschleunigte der erschöpfte Wanderer seinen Schritt in der Hoffnung, einen Unterschlupf in dieser gefährlichen Nacht zu finden. Nach und nach schälte sich die Kontur einer Mühle aus dem dunklen Nichts heraus. Die Flügel wirbelten wie wild und pflügten mit einem unbeschreiblichen Getöse, das selbst das donnernde Unwetter übertönte, durch die Luft. Der Boden war so aufgeweicht, dass ein Vorankommen nur schwerlich möglich war. Es erschien ihm, als ob Scharen von Teufeln aus dem Innern der Erde seine Füße und Waden, mit jeder weiteren Bewegung, mehr und mehr umfassten, sich festkrallten und alles daran setzten, ihn in ihre Tiefen zu ziehen. Nur mit äußerster Anstrengung, teils auf allen Vieren kriechend, war es möglich, sich in diesem Abgrund fortzubewegen. Dann stand die Mühle in voller Größe vor ihm. Das Licht, das durch das Fenster und die Ritzen in der Tür nach außen drang, erschien wie ein Leuchtfeuer, wie ein Hafen für den Ertrinkenden. Mehrmals klopfte er hastig an der Tür. Dennoch dauerte es einige Minuten bis sich die Tür öffnete und der Müller, sichtlich ergrimmt und in drohender Gebärde, vor ihm im Türsturz stand.

„Verschwinde, du Hund, bevor ich dir alle Knochen breche!"

An jedem anderen Tage hätte diese bedrohliche Warnung den Wanderer rasch in die Flucht geschlagen. Doch entkräftet wie er war und den eigenen Untergang vor Augen, konnte es jetzt keinen Rückzug für ihn geben.

„Ich bitte euch! Ein schützendes Dach suche ich, um diesem Unwetter entfliehen zu können. Mehr verlange ich nicht! Ich werde hier draußen den Tod finden, wenn ihr mir keinen Einlass gewährt!"

Der Müller zog eine Art Hammer hinter der geöffneten Tür hervor und stand damit drohend vor ihm.

„Ich sage es zum letzten Mal! Nimm die Beine in die Hand,

du Lump, oder ich schlage dir hiermit den Schädel entzwei!"

Der Wanderer machte einen Schritt nach vorn, stand nun beinahe auf des Müllers Füßen und schaute diesem geradewegs in die wilden Augen:

„Nur zu! Hier draußen werde ich ohne Unterschlupf elendig verrecken. Schlag zu, damit mir dieses scheußliche Schicksal erspart bleibt und ich hier und jetzt mein Ende finde!"

Der Müller ließ den Hammer krachend zu Boden fallen, packte ihn am Kragen und schleuderte ihn in das Innere der Mühle.

„Sobald sich das Wetter beruhigt, verschwindest du und lässt dich hier nie wieder blicken. Kein Wort will ich bis dahin von dir hören!"

Dem Wanderer war es einerlei. Er war nur froh, der Hölle draußen vor der Tür entronnen zu sein. Erst jetzt bemerkte er, dass sie in der Mühle nicht alleine waren. Direkt neben dem Mühlstein war ein provisorisches Feldbett aufgebaut, auf dem die Müllerin mit starken Wehen verharrte und kaum Notiz von ihm nahm. Einer Wachsfigur ähnlich lag sie, von Schweiß durchtränkt und wimmend auf dem Bett, während sie, wie aus der Welt entrückt, einen unsichtbaren Fixpunkt an der Mühlendecke anstarrte. Neben dem Bett stand eine gealterte Hebamme, um die siebzig Jahre alt, die den Fremden kurz, aber eindringlich musterte, sich jedoch alsbald wieder der Müllerin widmete. Die durchfurchte Landschaft auf ihrem Gesicht, das silbrig graue Haar, zu einem strengen Zopf geflochten, und ihre gekrümmte

Statur erzählten die Geschichte eines mühseligen und dürftigen Lebens. Währenddessen ging der Müller unruhig auf und ab. Manchmal hielt er inne und rieb sich gedankenverloren die Stirn. Sein Geist schien in einer anderen Sphäre zu weilen, ohne merklichen Anteil an der Situation zu nehmen. Bisweilen erschrak er auch über offenbar nur für ihn sichtbare Schatten an den Wänden, zuckte nervös zusammen und rieb sich ungläubig die Augen. Dem ungebetenen Gast fiel auf, wie still es in der Mühle war im Vergleich zu dem tosenden Sturm vor der Tür. Bis auf das Krachen der Flügelmechanik wurde das meiste Donnern und Grollen von dem dicken Mauerwerk geschluckt.

Der Wanderer verkroch sich in eine Ecke, die nur spärlich durch den Schein einer Kerze ausgeleuchtet wurde. Indessen wurden die Wehen der Müllerin immer stärker und kamen in immer kürzeren Abständen. Gesprochen wurde jedoch nicht ein einziges Wort. Nur die vereinzelten Schmerzensschreie der Müllerin vermischten sich mit der lärmenden Mechanik und ergaben eine Geräuschkulisse, wie sie wahrscheinlich nur in der Hölle selbst vorherrscht. Derweil schien der Müller sich mit jeder Minute weiter aus dem Hier und Jetzt zu entfernen. Aufgestützt auf dem Mühlstein, schaute er apathisch an die gegenüberliegende Wand. Nur manchmal blickte er über die Schulter hinweg zu seiner Frau. Das bäuerlich markante Gesicht war einer grauen Totenmaske gewichen, die kontrastlos und fahl im flackernden Licht der Kerze vor sich hin starrte. Es hatte den

Anschein, als ob er innerhalb von Minuten um Jahrzehnte gealtert wäre.

Das Gebrüll des Sturms und das Heulen der Mühle wurden von einem lauten Aufschrei übertönt. Schlagartig wurde es von einem Moment auf den anderen still im Raume. Auch das scheppernde Flügelwerk hatte seinen Lauf gestoppt. Der Müller hatte sich hastig umgedreht und schaute auf seine Frau, die bewegungslos und mit zurückgeworfenem Kopf auf dem Feldbett lag. Der Wanderer war erschrocken aufgesprungen und kam, in den Lichtkegel der Kerze hineintretend, näher an das Feldbett heran. Vor diesem stand die Hebamme mit dem Neugeborenen auf dem Arm und bekreuzigte sich. Das Kind zeigte weder eine Regung, noch gab es einen einzigen Ton von sich. Wie hinter Milchglas versteckt starrten die Augen, schneeweiß und ohne erkennbare Pupillen, an die Decke. Sowohl der Fremde als auch die Hebamme riskierten einen ängstlichen Blick auf den Müller. Wie zu einer Salzsäule erstarrt, stand dieser mit verkrampften Fingern und unmenschlich verzerrtem Gesicht in der Mitte des Raumes. Ein gewaltiger Ruck erschütterte die Mühle. Ohne ersichtlichen Grund begann das Flügelwerk sich abermals wie rasend zu drehen und zu poltern. Wie auf ein unwahrnehmbares Kommando erhob sich auch das Sturmgebrüll erneut und schien das Gebälk auseinanderreißen zu wollen. Genau in diesem Moment drehte der Säugling langsam seinen Kopf und durchbohrte den Wanderer mit seinem leblosen, weißen Augenpaar. Mit donnernder Stimme begann das Kind zu dem Fremden zu sprechen:

„Lauf, wenn dir dein Leben lieb ist! Nichts hast du hier in dieser Nacht, zu dieser Stunde und in diesem Raume verloren. Sturmhut statt Schierling werden sie empfangen!“

Wie auf tönernen Beinen stehend, sank der Wanderer auf seine Knie. Nur mit Mühe war er fähig, seinen Fall abzufangen. Für einen kurzen Augenblick war er sich nicht sicher, ob sich dieses Schauspiel vor seinen Augen ereignete oder ob diese stürmische Nacht mit all ihren Schatten, Gespenstern, Blitz und Donner seinem Geist diesen Streich spielte. Der Müller stand unverändert an Ort und Stelle. Nur sein ohnehin schon verzerrtes Gesicht hatte sich zu einer scheinbar schreienden, doch stummen Fratze verzogen. Dasselbe galt für die Hebamme, die, das wilde, graue Haar halb verdeckt, den Säugling weiterhin wie paralysiert in den Armen hielt. Der Wanderer raffte sich blitzschnell auf, nahm sein Hab und Gut, das in einem Bündel verstaut war, und stolperte in Richtung Tür. Mit dem Fuß stieß er sie auf und rannte so schnell er konnte in die Nacht hinaus. Sogleich brach der tosende Lärm des Unwetters über ihn abermals herein. Der Sturm hatte unterdessen nicht an Kraft verloren. Im Gegenteil – der Regen prasselte jetzt von allen Seiten her auf ihn herab, Blitze durchzuckten den schwarzen Himmel und tauchten die Landschaft, für Bruchteile einer Sekunde, in ein silbergraues Leuchtfeuer. Nach wenigen Minuten war er wiederum durchnässt und, durch mehrmaliges Stürzen auf dem nassen Boden, von oben bis unten mit Schlamm besudelt. Keuchend hielt er inne und stützte sich auf seine Knie, um tief durchzuatmen. Als er sich umdrehte, sah er Flammen aus dem Dachstuhl der Mühle lodern. Ihre Flügel hatten sie bereits erfasst; einem rasenden Feuerrad gleich peitschten sie durch die schwarze Nacht.

Zeichen des Untergangs

Erster Tag:
Der Welten Meere sich erheben,
Die Lunge sich mit Wasser füllt;
Ob Lump, ob Kaiser, jedes Leben,
Vor Schmerz aus vollem Halse brüllt.

Zweiter Tag:
Auf kühles Nass folgt stinkend Fäule,
An jedem Leib und jeder Säule.
Sich schöne Haut nun grünlich färbt,
Das Rosarot den Grünspan erbt.

Dritter Tag:
Das Meer nun in den Rückzug geht,
Die Sonne brennt in voller Kraft;
Kein Mensch mehr auf den Beinen steht,
Der Feuertod so grauenhaft.

Vierter Tag:
Ein jedes Grün das schwitzt jetzt Blut,
Der Morgentau verdrängt durch Glut.
Getreide nun zu Kohle wird,
Der Mensch durch schwarzes Ödland irrt.

Fünfter Tag:
Ein Grollen durch die Lande schnellt,
Ein jeder Berg zu Staub zermalmt.
Die Vogelschar vom Himmel fällt,
Aus jeder Wunde Schwefel qualmt.

Sechster Tag:
Die Toten schweigsam hoch sich winden,
Die Menschen bis aufs Blute schinden;
Streifen mordend durch die Nacht,
Bis der siebte Tag erwacht.

Siebter Tag:
Der Himmel stürzt zu Grund herab,
Die Schöpfung steht in vollem Brand;
Die Augen Gottes werden matt,
Das Nichts als Kaiser anerkannt.

Die drei Boten

Der junge Knabe beobachtete den Alten, wie er Knollen, Blätter und Blüten wusch und zubereitete. Wie oft schon hatte er ihn beobachtet und ihm gelauscht. Oft ohne den tieferen Sinn seiner Worte zu verstehen, aber immer mit kindlicher Neugier und Interesse. Der Alte rückte Sichel und Kessel beiseite, hob den Kopf und sprach:

„Ich hatte in der letzten Nacht einen Traum. Voll von süßer Hoffnung, rein wie Quellwasser und dennoch hart und kalt wie Stein. Ich tauchte auf in den Kronen eines Laubwaldes. Die Abenddämmerung bot genügend Licht, um das gesamte grüne Meer zu überblicken. Doch zu wenig Licht, um hinunter durch die Kronen zu spähen. Die Baumkronen wurden bevölkert von allerlei Getier. *„Geh! Geh! Wir werden dich tragen!“*, riefen sie mir zu. So schritt ich durch die saftig grünen Wogen. Nach kurzer Zeit hielt ich inne, da ich Geräusche und Bewegungen am Waldboden wahrnahm. Durch das dunkle Astwerk blickend, erkannte ich eine Menschenmenge, die sich unter mir versammelt hatte und mir auf Schritt und Tritt folgte. Im Dämmerlicht sah ich nur ihre verzerrten Gesichter und vor Fieber glühenden Augen. Sie griffen mit ihren Armen nach mir, beschimpften mich und spuckten mich an. In diesem Moment erfüllte mich süße Erhabenheit und das Gefühl über allen Dingen zu stehen. Ich schaute auf sie herab. Sie wussten, dass mein Erscheinen

verkünden würde, dass ihre bestehende Ordnung dem Tode geweiht war. Wie das Herbstlaub herabfällt und verrottet, so werden auch sie herabfallen und verrotten. Für einige Momente stand ich da und blickte herab. Meine Glieder wurden schwer, und ich fühlte mich so müde und kraftlos, dass ich mich nur schwerlich auf den Beinen halten konnte. Es hatte keinen Sinn mehr, dagegen anzukämpfen. Es war Zeit.

Ich ließ mich langsam zurückfallen und rauschte durch Blattwerk und Geäst in die Tiefe. Ich fiel mit der Gewissheit, dass die Menschen mich zerreißen würden, noch bevor ich den Boden berührte. Daraufhin wachte ich auf. In der Gewissheit, dass dieser Traum der erste von drei Boten war, die meinen Untergang verkünden. Der zweite Bote wird mich heute Nacht besuchen und der dritte Bote wirst du selbst sein."

Der Junge saß in einiger Entfernung und sprach:

„Ich verstehe nicht. Wie kann ein Traum dir diese Eingebung schenken? Und wie soll ich der dritte Bote deines Todes sein? Ich, der dich so sehr schätzt und liebt? Sag mir, alter Mann, welchen Zweck erfüllt der Traum der Menschen?"

Der Alte setzte sich gemächlich und bat den Jungen, sich ebenfalls zu setzen:

„Der Traum ist nicht dem Menschen eigen. Er ist allumfassend in jedem lebenden Geschöpf. Der Traum ist das Echo deines eigenen Ursprungs. So alt wie die Zeit. Er ist der versteckte Teil einer Idee, eines Gedankens, durch den sich das Geschöpf selbst erschafft. Die Menschen selbst unterscheiden zwischen

Traum und Realität. Doch das ist falsch. Er ist eine Ebene des Gedankens, aus dem du dich selbst erschaffen hast, und der genauso schwer wiegt wie die sogenannte Realität. Er beherbergt sowohl alles Gute als auch alles Schlechte deiner selbst: alle Dämonen und guten Geister, die du selbst erdacht hast, aber am Tage verbannst. Und so ist es gut. Denn nur durch Teilung und Unterschied kann die Idee deiner Existenz Bestand haben. Eine Idee im Gleichgewicht hingegen ist nicht existent. Lausche der Nacht wie du auch dem Tag lauschest. Die Nacht wird dir keine Erkenntnis über die Zukunft verschaffen. Aber sie ist dir ein guter Freund und Ratgeber."

Der Junge konnte nur schwerlich folgen. Trotzdem gelang es ihm nicht, den Blick von dem Alten abzuwenden. Von ihm ging etwas aus, dessen er sich nicht entziehen konnte. Der Alte fuhr fort:

„Der Mensch denkt, dass der Traum der Schlüssel zur Zukunft sei. Er denkt es, weil er den Traum nicht versteht, nicht begreifen kann. Doch dieser prophetische Beigeschmack, den man dem Traume zuschreibt, ist ein Irrtum. Dieser Gedanke würde eine bereits geschriebene Geschichte enthalten. Die Geschichte deiner selbst. Wie traurig wäre das Leben, wenn es bereits unveränderlich niedergeschrieben worden wäre? Der Traum kann nicht in die Zukunft blicken. Denn es gibt keine sogenannte Zukunft. Aber der Traum ist der Schmelztiegel meines ganzen Wesens und der ganzen Welt um mich herum. Der Schmied, der seine Metalle in der Glut reinigt und verbindet, hat zu diesem Zeitpunkt bereits eine Idee davon, welche Form sein Erz annehmen wird. Genauso verhält es sich mit dem Traum. Ich habe heute Nacht eine Idee empfangen. Weil ich den Kern des Schmelztiegels betrachtet habe.“

Der Junge schaute nachdenklich an den Bäumen empor und sprach:

„All das Gesagte bereitet mir Angst und schwere Gedanken. Gestern kamen zwei Priester auf mich zu und sagten, dass ich mich von dir fernhalten solle, da es mir sonst schlecht ergehen würde. Sie sagten, du beschmutzt das Reine, wandelst die Wahrheit zur Lüge und erschaffst aus Gutem das Schlechte. Doch schienen sie mehr von Furcht getrieben als von Erkenntnis geleitet. Erzähle mir, wovor sie sich fürchten. Was ist ihre Angst?“

Der Alte sprach:

„Das, was du Angst nennst, ist eine Erfindung der Menschen. Sie haben ihre natürliche, tierische Angst um die menschlichen Ängste erweitert. Daher müssen sie sich ihr ganzes Leben lang ängstigen und jeden Schritt, wie auf dünnem Eis, mit größter Vorsicht ausführen. Dies ist der Preis, den sie für ihre errungene Menschlichkeit bezahlen müssen. Im Grunde fürchten sie sich vor allem. Sie haben Angst, dass der Nachbar schlecht über sie reden könnte oder dass sie krank werden oder gar sterben müssen. Sie haben Angst vor ihrem Gott und letztendlich auch vor sich selbst. Ich frage dich: Hat der Löwe Angst davor, dass der Elefant schlecht über ihn redet? Macht sich der Esel, im kühlen Schatten schlafend, Gedanken über Krankheit und Tod? Verschwendet die Eule einen Gedanken an Gott, während sie auf nachtschwarzen Schwingen fliegt? Fürchtet sich die Schlange vor sich selbst, während sie durch das Unterholz kriecht? Nein! Dazu ist nur der Mensch fähig. Und wozu er im höchsten Maße fähig ist, ist sich vor dem Unbekannten, dem Unsichtbaren zu fürchten. Diese Angst gilt mir. Die Dinge, die ich sage, sind ihnen fremd und unbekannt. Doch im tiefsten Inneren wissen sie, wovon ich spreche. Sie haben sich eine Welt erschaffen, die auf einem so brüchigen Fundament steht, dass jeder Windhauch für sie eine Bedrohung bedeutet. Dessen sind sie sich bewusst. Auch wenn dieses Bewusstsein von ihnen in die tiefsten Tiefen verbannt wurde."

Der Junge sprach:

„Du meinst, dass sie ihre Ordnung in Gefahr wähnen, wenn sie dir ihr Gehör schenken? Erzähle mir etwas über die Ordnung der Dinge!"

Und der Alte sprach:

„Ihre Ordnung ist ihr Gesetz. Da sie in ständiger Angst leben, muss ihre Welt einem Regelwerk unterliegen, damit ihr Fundament nicht bricht. Dabei versuchen sie, das Formlose in eine Form zu pressen. Doch die Natur gehorcht nicht der Ordnung der Menschen. Warum sollte sie auch? Aus jedem Wald, von jedem Feld und von jedem Berg vernimmt man es. Hörst du es auch? Das Bersten ihrer Ordnung und ihrer Gesetze? Sie selbst hören es auch, aber sie wollen es nicht wahrhaben. Ich, der also den Untergang der Ordnung verkündet, löse in ihnen dieses Unbehagen aus. Sie können nicht anders, als mich zu verfluchen."

Mittlerweile rückte die Nacht immer näher. In Gedanken versunken, verließ der Junge den Wald und ging in das Dorf zurück. Der Mond schien hell und hüllte die gesamte Landschaft in einen silbrigen Schleier. Nur das Feuer des Alten warf warme Farben in die Nacht. Zu später Stunde vernahm der Alte Schritte, konnte aber niemanden entdecken. Da trat aus dem Schatten der Bäume eine Silhouette, die vom Mondlicht beleuchtet wurde. Nach einiger Zeit erkannte der Alte die Umrisse eines Mannes, der sich ihm näherte. Der Mann sprach leise:

„Ich bin des Wanderns leid. An deinem Feuer möchte ich mich wärmen und die müden Knochen ausruhen. Denn ich wandere seit einer Ewigkeit. Rastlos."

Der Alte erwiderte:

„Ich weiß, wer du bist. Dein Geruch eilte dir voraus, und deine Augen sind so milchig, als wollten sie ein Geheimnis verbergen. Dabei können sie weder sehen noch etwas verheimlichen. Denn sie sind leer. Ich habe dich erwartet. Setz dich also zu mir ans Feuer, Wiedergänger."

Der tote Gast sprach:

„Mein ganzes Leben lang war ich auf Wanderschaft, war tagein, tagaus ein Suchender. Nun muss ich selbst im Tode ewig wandern und suchen. Ich bin verdammt! Im Leben war ich reich. Reich an Dingen und an Einfluss. Habe die Welt nach meinen

Vorstellungen geformt. Das Einzige, was nun übrig bleibt, ist mein Schatten. Nun ist alles Staub."

Der Alte entgegnete:

„Es sind die Nichtigkeiten, mit denen du dich dein Leben lang beschäftigt hast. Das Leben selbst strich währenddessen an dir vorbei. Statt es beim Schopf zu packen und es festzuhalten, hast du dich mit schönen Dingen geschmückt und von klingenden Münzen blenden lassen. Wer so geblendet ist, kann nicht in die Tiefen schauen. Nun ist alles schwarz vor deinen Augen. Es ist aber nicht die Schwärze der Tiefe, sondern die Schwärze der ewigen Nacht. Du sagst, du hast die Welt nach deinen Vorstellungen geformt. Ich sage, du hast das Gefäß geformt, das deine Welt einschließen sollte. Ein wunderbar getöpfertes Gefäß, bemalt in den schillerndsten Farben. Doch was nützt das schönste Gefäß, wenn es keinen Samen enthält, der darin keimt und wächst? Sieh dich um! Siehst du die Bäume, Kräuter und Blumen? Siehst du, wie sie wachsen und gedeihen? Sag mir, Wiedergänger, worin keimen sie? Was ist ihr Gefäß?"

Der Tote wandte sich um und ergriff, im Dunkel tastend, einen Klumpen Erde. Er ließ ihn durch seine dürren Finger rieseln und sprach:

„Sie wachsen in der Erde. Der Boden ist ihr Gefäß."

Ohne den Toten anzublicken, sprach der Alte:

„Nun, worin erkennst du dich in diesem Schauspiel?"

Der Wiedergänger blickte sich erstaunt um und entgegnete:

„Ich sehe mich nicht. Alles, was ich sehe und fühle, ist

schwarz."

Für einige Sekunden herrschte Stille, während beide den Blickkontakt mieden. Da sagte der Alte:

„Ja, ich weiß. Denn *du* hättest die Erde sein sollen."

Wortlos erhob sich der Wiedergänger. Mit größter Mühe richtete er sich auf. Mehr taumelnd als stehend. Mit jedem Meter, den er ging, wurde er wieder mehr zu der Silhouette, die er gewesen war. Bis diese Silhouette in einiger Entfernung zusammenbrach und liegen blieb. Der Alte sah, dass an der Stelle, wo der Wiedergänger gesessen hatte, alles Grün verdorrt und verrottet war.

Die Sonne ging auf und tauchte Wald und Wiesen in ein goldenes Licht. Der Alte erwachte und verfolgte das Erwachen der Welt für ein paar Augenblicke. Nach einer Weile vernahm er unruhige Geräusche und Stimmen, die wie Geschrei aus weiter Ferne zu ihm herüberdrangen. Der Junge kam keuchend angelaufen und schrie:

„Sie kommen! Die Dorfbewohner sind auf dem Weg! Sie wollen dich töten!"

Der Alte erwiderte:

„Nun denn. Du, mein dritter Bote, verkündest mir den Untergang. Die Zeit ist gekommen. Flieh und leugne mich, wenn du an deinem Leben hängst. Sie werden auch dich nicht schonen."

Der Junge stürzte erschöpft vor dem Alten nieder:

„Nein! Wir werden sie umstimmen! Es muss eine Lösung geben!“

Die Dorfbewohner kamen schreiend und fluchend aus dem Dunkel der Bäume und blieben in einiger Entfernung von dem Alten stehen. Ein kräftig gebauter Mann tat sich hervor und rief:

„Du alter Narr! Wir sind gekommen, um dich ein für alle Mal zum Schweigen zu bringen. Du bist die Pest! Du willst die Ordnung zerschlagen, huldigst nicht unserem Gott und verführst das Volk zu Schandtaten jeglicher Art. Nicht einmal vor den Jüngsten machst du Halt. Willst selbst sie umgarnen mit deinen Lügen. Schaut ihn an, ihr Männer und Frauen! Feige sucht er die Nähe des Waldes und verflucht uns hinterrücks. Das nenne ich Mut!“

Der Alte hatte sich seit Ankunft der Dorfbewohner nicht gerührt und sprach:

„Ihr sprecht von Mut? Ein ganzes Dorf poltert durch den Wald mit dem einzigen Ziel, einem alten Mann ein Ende zu bereiten. Was ihr Mut nennt, ist nichts weiter als sich selbst im Vorteil zu wähnen. Dabei traut sich nicht einer von euch näher als zehn Schritte an mich heran. Wahrhaftigen Mut besitzt niemand von euch.“

Tatsächlich standen die Dorfbewohner, dicht gedrängt, in einigem Abstand, als würde ein unsichtbarer Schild sie am Weitergehen hindern. Empört lärmten und kreischten die Dorfbewohner wild durcheinander. Der Alte sprach weiter:

„Ein jeder von euch schreit und tobt, um besser gehört zu

werden. Um den Lärm der Welt zu übertönen. Ich sage aber, wer schreit und tobt, offenbart seine Unsicherheit. Eure Worte haben keinen Inhalt. Der Weise spricht und denkt so, wie das tiefe Wasser ruhig und still liegt. Er braust nicht wie die peitschenden Wellen an der Oberfläche, die sich so schnell wieder auflösen, wie sie gekommen sind."

Eine Frau schrie:

„Selbst im Angesicht des Todes beschimpft er uns! Er hat weder Achtung noch Respekt! Brecht ihm die Knochen! Auf dass er nie wieder so schändlich reden wird!"

Der Alte entgegnete:

„Achtung, Respekt, Ehre, Würde. Alles schillernde Begriffe, die der Mensch erschaffen hat. Ein jeder legt seinem Nachbarn ihre Last auf die Schultern. Doch selbst rührt ihr diese Last nicht mit einem einzigen Finger an. Alles nur Worte, um euren Hochmut gefestigt zu sehen. Habt ihr denn Achtung und Respekt vor diesem Wald? Diesem Baum dort? Oder habt ihr Achtung vor diesem Vogel dort, der so lieblich sein Liedchen trällert? Ein Tier empfindet keine Ehre, Achtung oder Respekt. Es sieht sich instinktiv als Teil des Ganzen. Ihr aber seht euch als das Maß der Dinge. Daher braucht ihr solche Worte. Warum sollte ich Achtung haben vor einem Tier, das nicht nur sich selbst, sondern auch die Welt, in der es lebt, mutwillig zerstört?"

Während er noch sprach, flog ein Stein aus der Menge und traf den Alten im Gesicht, worauf ihm das Blut in Strömen von der Stirn floss. Der Junge war wie versteinert, rannte jedoch kurz

darauf, voller Wut und Verzweiflung, auf die Menge zu. Ein mächtiger Schlag streckte ihn alsbald nieder. Ihn am Schopf packend, zerrte der kräftig gebaute Mann ihn über den Waldboden zu dem Alten hin. Der Mann rief:

„Sieh hier, du Wahnsinniger! Soweit ist es bereits gekommen! Voller Verblendung steht der Junge für dich ein. Durch deine Reden ist er bereits genauso verkommen wie du selbst."

Die Menschen grölten und lachten aus vollem Halse. Voller Raserei hob der Mann keuchend einen Stein auf und schmetterte ihn auf den Kopf des Jungen. Der dumpfe Aufprall übertönte selbst das Gelächter der Anwesenden, die schlagartig den Atem anhielten. Erneut hob der Mann den Stein mit aller Kraft vom Boden und richtete ihn gegen den Alten, der daraufhin zu den Dorfbewohnern sprach:

„Seht! Das ist der nackte Kern der Menschheit. Der Mensch wird tot geboren. Doch sein Geist wird das nie erkennen. Dies ist der Fluch, den ihr ein Leben lang auf euren Schultern tragen werdet."

Still lag der Wald. Sein sattes Grün verschlang jedes Überbleibsel des Schauspiels. Seitdem wurde der Wald von den Menschen gemieden. Allerlei Gerüchte hörte man in dieser Zeit. Und tatsächlich ging von dem Wald des Asketen eine Kälte aus, die die Menschen in Angst und Schrecken versetzte. Viele von den Dorfbewohnern erzählten auch von unruhigen Nächten mit fürchterlichen Träumen. Manche von ihnen sprachen von einer

Glut in ihren Träumen, die so heiß brannte, dass ihre Seelen sich an ihr entzündeten und voller Qual und Pein verglühten.

Der Kreis

Der Deckel kracht, das Holz das bricht.
Doch nicht durch pures Erdgewicht.
Ein Röslein sich hindurch gequält,
Sich langsam durch die Fasern schält.

Der Tote: „Soll es das gewesen sein?
Gewürm sich frisst durch Mark und Bein?
Und nun ein Röslein, unverdorrt,
Sich langsam durch den Schädel bohrt?"

Oberhalb ein Kindlein tollt,
So fröhlich über Wiesen rollt,
Nun lachend zu der Rose eilt,
In ihrem Duft recht lang verweilt.

Der Studiosus

„Du musst allmählich hier raus aus deiner kleinen Einsiedlerhöhle. Es macht doch keinen Sinn, sich ständig zu vergraben und sich vor den Dingen, die sich draußen in der Welt zutragen, zu verschließen.“ Jiři stand mit verschränkten Armen am Fenster seiner erbärmlichen Mietswohnung und starrte hinunter auf die Straße, die zu diesem Zeitpunkt mit allerlei Menschen überfüllt war.

„In der Tat, es macht alles keinen Sinn. Sieh nur hinunter auf die Straße und schau dir all die Ameisen dort unten an. Wie sehr sie mich plagen und langweilen. Wie sehr mich doch alles langweilt! Ach du, mein schönes Böhmen! Einst warst du die Wiege der Kultur. Warst der Dreh- und Angelpunkt des Geschehens in ganz Europa. Nun kannst du keiner Dirne mehr das Wasser reichen, wie sie zu Tausenden an jeder deiner Kreuzungen herumlungern.“

Vašek verdrehte gequält die Augen.

„Wie immer eine schöne, theatralische Ansprache. Du solltest froh sein, in solch einer Stadt, zu solch einer Zeit zu leben! An jeder Ecke lacht dir das Leben entgegen. Überall warten Abenteuer auf dich. Und überall findest du grenzenlose Inspiration. Die Dirnen, die du ansprichst, sollten eigentlich deine Musen sein. Wenn man es genau betrachtet, sind wir in einen Goldtopf gefallen. Nur hast du es bis heute noch nicht erkannt.“

Jiři drehte sich erzürnt um.

„Genug! Es reicht! Verschone mich mit deinem Unsinn!"

Jiři schien selbst erschrocken über diesen Ausbruch. Bedrückt, fast schon verlegen, schaute er zu Boden. Kurz darauf ließ er den Blick erneut durch seine dunkle Einzimmerwohnung schweifen. Gedämpftes Licht schien durch das kleine Fenster. Abgesehen davon war das Zimmer recht düster und wurde nur durch eine einzelne Bibliothekslampe erhellt. Das Mobiliar war eher spartanisch. Ein abgenutzter Diwan, der auch als Bett diente. Dazu ein kleiner Kleiderschrank mit einer windschiefen Tür und ein Schreibtisch, auf dem das allergrößte Chaos herrschte. Neben unzähligen Manuskripten und Skizzen fanden sich aufgeschlagene Bücher mit Hunderten kleiner Merkzettel, ein überquellender Aschenbecher und eine Unmenge an kleinen Notizen. In einer Ecke stand ein kleiner Holzofen, der ununterbrochen betrieben werden musste, da die Wände keinerlei Wärme speicherten. Alles in allem schien das Zimmer in einem ärmlichen, fast schon heruntergekommenen Zustand zu sein.

„Manchmal verfluche ich meine Entscheidung, dieses Studium auf mich genommen zu haben", begann Jiři zögernd.

„Was ich lernen will, bringt man mir nicht bei. Und was man mir beibringt, interessiert mich nicht. Obendrein leide ich unter ständiger Geldnot. Monat für Monat wird es schwieriger, meine Miete zu bezahlen, geschweige denn ein einigermaßen würdevolles Leben zu führen. Es ist unter diesen Umständen unmöglich, auch nur einen Schritt nach vorne zu machen. Ich habe das Gefühl, dass all meine Entscheidungen, alle Wege, die ich in meinem Leben bislang eingeschlagen habe, Fehler waren." Vašek schaute ein wenig betreten auf seine Schuhe. Er selbst konnte sich nicht beklagen. Er schwelgte zwar nicht in Reichtum, konnte aber, als Student der Rechtswissenschaften, ein angenehmes Leben führen.

„Wie geht es mit deinem neuen Roman voran? Du hast schon längere Zeit kein Wort mehr darüber verloren. Wann werde ich Gelegenheit haben, einen Blick hineinzuwerfen?" Jiři hatte sich indessen an seinen Schreibtisch gesetzt und Vašek den Rücken zugekehrt. Wie ein Häufchen Elend saß er nun da, seinen Kopf mit beiden Händen abstützend.

„Mein Roman existiert schon lange nicht mehr. Ich habe alle Manuskripte zum Heizen verwendet. Damit haben sie mir mehr gedient als vorher."

„Du Wahnsinniger! Du hast alles verbrannt? Was um Himmels Willen ist denn in dich gefahren? Den lieben langen Tag beklagst du dich über die Welt und das Leben. Wie schlimm es um dein Böhmen und Mähren steht und wie sehr dich die Menschen langweilen. Dabei bist du es letztendlich selbst, der dir im Weg steht. Du musst den Verstand verloren haben, Jiři. Welcher Alb sitzt auf deinen Schultern, der dich zu solch einem Irrsinn verleitet?"

Jiři saß regungslos an seinem Schreibtisch.

„Weißt du, was das Problem mit den heutigen Schreiberlingen, Poeten und Dichtern ist? Die Banalität ist ihr heiligster Gott. Ihr goldenes Kalb, dem sie ihre Seele, ihr ganzes Dasein opfern. Sie predigen die Schönheit, das Gute und die Moral, doch die Hässlichkeit und das Böse rühren sie mit keinem Finger an. Doch sind nicht beide Seiten untrennbar miteinander verbunden? Warum scheut man sich also vor dem großen Ganzen und wendet sich angeekelt von der einen Seite ab? Ich sag dir, warum! Weil das große Ganze keinen Ertrag bringt! Der Mensch will durch das Hässliche nicht behelligt werden, betrachtet es höchstens, neugierig wie er ist, aus sicherer Entfernung, um nicht beschmutzt zu werden. Er will sich lieber vergessen und durch blumige Wiesen lustwandeln, die solch eine schöne Kulisse auf die Theaterbühne des Lebens zaubern, es dadurch aber auch eintönig, banal und unerträglich langweilig machen. Man gönne es ihm! Auf gepflasterten Wegen lässt sich schließlich gut wandern."

Vašek blickte nervös auf seine Taschenuhr. Er wollte Jiřis Monolog unterbrechen, denn er sah ein, dass er sich in diesem Zustand nicht umstimmen ließe.

„Warum, in Gottes Namen, willst du die Menschen damit auch behelligen? Ist das Leben nicht mühselig genug für sie? Die Welt treibt im Elend. Ihr ganzes Leben lang werden sie gepeinigt von Krieg, Hunger, Krankheit und Tod. Lass sie doch unbekümmert lustwandeln und sich vergessen. Sie wollen lachen und lustig sein und nicht weinen über einen Roman, der so grausam ist wie das Leben selbst. Ich verstehe schon, dass du dir in der Rolle des literarischen Revoluzzers und Aufrührers sehr gut gefällst. Doch bedenke, dass diese sogenannten „unbefestigten Wege" bereits ausgetreten werden. Vielleicht nicht so rasch und auffällig wie andere Wege, aber dennoch stetig. Nimm Baudelaire als Beispiel. Was für ein Mensch muss Baudelaire sein! Ein wahrer Vordenker dieses Jahrhunderts!"

Jiři blickte das erste Mal von seinem Schreibtisch hoch und drehte sich zu Vašek um.

„Baudelaire? Baudelaire! Dieser samtweiche Franzose! Seine Blumen liegen unter meinem zu kurzen Tischbein! Zu etwas anderem taugen sie nicht. Dunklen Boden mit den Fußspitzen zu berühren, so als ob man die Temperatur eines zu kalten Bades misst, macht einen Menschen noch lange nicht zu einem Vordenker! Das Einzige, was ich mit Baudelaire teile, ist die Langeweile. Aus der Langeweile heraus versucht man einen Mittelweg zu finden. Aber nur insoweit, dass man nirgends aneckt oder gar aus der Reihe fällt. Daher verschreibt man sich der Schönheit des Hässlichen oder verpackt das Hässliche und Böse in eine abstrakte, nicht lesbare Form. Ich aber sage, es gibt keine Schönheit des Hässlichen. Und auch keine Hässlichkeit des Schönen. Es gibt entweder das Schöne oder das Hässliche! Das Gute oder das Böse! Ich will das reinste Böse und Hässliche einfangen! Ohne dabei einen Krüppel zu erzeugen, der sich ohne fremde Hilfe nicht auf den eigenen Beinen halten kann. Keinen Bastard, durch den ich gezwungen werde, mich zu bücken und zu beugen. Nimm das Folgende als Beispiel: Hast du von dem Vorfall aus dem Norden gehört?"

Vašek schüttelte überrascht den Kopf.

„Zwei kleine Jungen spielten zusammen in einem Wald, als sich eine unglaubliche Geschichte ereignete. Aus den Verhörprotokollen geht hervor, dass der Jüngere von beiden, namens Nekovar, den Älteren mit einem Stein bewusstlos schlug. Anscheinend ohne einen ersichtlichen Auslöser, ohne einen vorangegangenen Streit. Sie tollten nur im Wald und auf den Wiesen herum, wie es Kinder eben tun. Nekovar gab später zu Protokoll, er habe plötzlich Lust dazu empfunden, sein Gegenüber zu erschlagen. Aus heiterem Himmel. Nur um zu wissen, wie sich solch eine grausame Tat anfühle. Nachdem er ihm also den Schädel eingeschlagen hatte, wachte der ältere Junge jedoch alsbald wieder auf, wodurch Nekovar fürchterlich erschrak. Wie von Sinnen stürzte er sich auf ihn und erdrosselte den armen Jungen mit seinen eigenen Händen."

Vašek schlug die Hände über dem Kopf zusammen und bekreuzigte sich.

„Was erzählst du mir da für Schauergeschichten? Das kann doch nie im Leben der Wahrheit entsprechen!"

Jiři unterbrach ihn:

„Wart's nur ab! Es wird noch weitaus schrecklicher: Nachdem sich Nekovar vergewissert hatte, dass der Junge tot war, zog er sein Schnitzmesser heraus und fing an, den leblosen Körper komplett auszuweiden. Wie diese kleinen Kinderhände das zustande gebracht haben, ist mir unbegreiflich. Welch eine infernalische Wut, welch eine Kraft muss dieser kleine Bengel plötzlich gehabt haben! Die monströse Tat wurde nach ungefähr einer Stunde entdeckt. Eine Pilzsammlerin war im Unterholz unterwegs, als sie Nekovar erblickte. Als sie das Schauspiel sah, fiel sie augenblicklich in Ohnmacht. Sie berichtete, dass Nekovar in dem aufgestemmten Brustkorb des Jungen saß und augenscheinlich versuchte, ganz seelenruhig hineinzukriechen. Es muss ihr vorgekommen sein, als ob sie den Leibhaftigen im Unterholz erblickt. Er selbst brachte später bei der Vernehmung zu Protokoll, dass er tatsächlich versucht habe, sich den zerrissenen Körper wie einen Mantel überzustreifen. Nachdem Nekovar durch die Pilzsammlerin entdeckt wurde, ergriff er hastig die Flucht. Kurz darauf griff man ihn in seinem Heimatdorf auf. Dort wurde man sofort auf ihn aufmerksam, weil er blutverschmiert durch die Straßen irrte. In endlosen Verhören und Gesprächen konnte man dem jungen Knaben jedoch keine Schwachsinnigkeit oder gar Wahnsinn unterstellen. Zumindest nicht in einem solchen Maße, dass die Tat dadurch erklärt werden konnte. Im Gegenteil! Er war ein durchschnittlicher Schüler wie tausend andere auch. Aufgewachsen in einem unauffälligen Elternhaus. Der Vater ein tüchtiger und angesehener Schmied, was sie über seine Mutter schrieben, weiß ich nicht mehr. Wie also soll man nun mit einem solchen Kind umgehen? Was macht man mit dem Inbegriff der Unschuld, wenn sich diese auf solch unglaubliche Art versündigt hat? Soll man den Knaben aufknüpfen? Oder lebenslang in ein dunkles Verlies werfen?“

Mittlerweile hatte sich Vašek auf dem Divan niedergelassen.

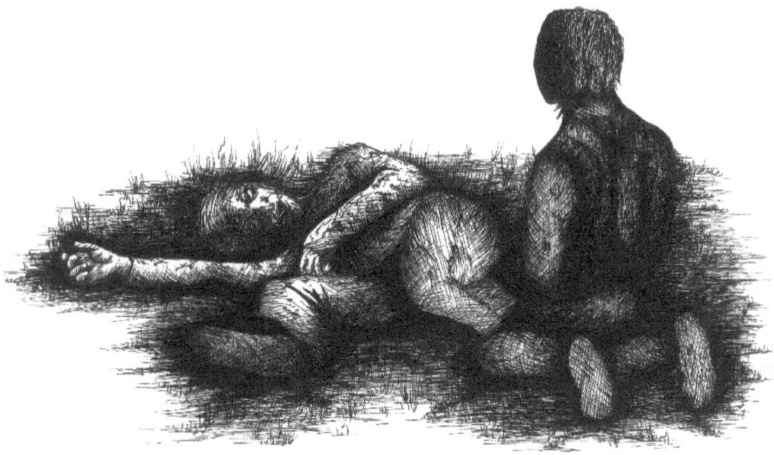

Er war kreidebleich und schaute starr an die gegenüberliegende Wand. Eine Zeit lang herrschte Schweigen. Dann, während er sich den Schweiß von der Stirn wischte, begann Vašek:

„Ich weiß nicht, was ich davon halten soll. Etwas Vergleichbares habe ich noch nie gehört. Da stößt selbst die Rechtsprechung an ihre Grenzen. Ich weiß ehrlich gesagt nicht, wie ich in solch einem Verfahren handeln sollte. Und du weißt nicht, wie es zurzeit darum steht?“

„Nein, ich habe nie wieder etwas davon gehört. Es ist aber auch nicht von Belang. Es zeigt nur eines: Die reine Hässlichkeit! Das reine Böse! Der Wahnsinn, der um sich greift und selbst die Unschuld eines Kindes in den Untergang führt. Das ist es, was ich einfangen will. Keine Beschönigungen mehr, keine Abstraktion und keine Verfremdung.“

Abermals herrschte Schweigen.

„Das ist es also. Du musst den Verstand verloren haben in deinem selbst erwählten Exil. Du willst wohl den Teufel selbst heraufbeschwören? Sei froh, dass du nur mir davon erzählt hast. Mir, der ich weiß, wie es zurzeit um dich steht und was du durchmachst. Hättest du einem deiner Professoren davon erzählt, müsstest du wahrscheinlich deine Siebensachen packen und von dannen ziehen."

Jiři war ein wenig verwundert über die Reaktion seines Freundes:

„Meine Professoren? Diese ergrauten Götter? Was wissen sie schon? Sollen sie mich doch wie einen Hund davonjagen! Mir ist es gleich! Seit Anbeginn lärmen die Ketten an meinen Händen und Füßen. Sie sind auch heute noch dieselben. Doch schneiden sie mir nun merklich ins Fleisch, da ich erkannt habe, dass es Ketten sind. Begreifst du nicht, dass mir diese Erkenntnis das Herz in Stücke reißen will?"

Vašek bemerkte, dass sich Jiři in Rage redete und wollte ihm den Wind aus den Segeln nehmen:

„Nun beruhige dich! Wart's nur ab, es wird sich schon alles wieder in Wohlgefallen auflösen. Allerdings musst du dafür dringend deine kleine Welt verlassen. Wenn nicht, werden dein Geist und auch dein Körper noch mehr Leid erfahren, bis du dich schließlich selbst vernichten wirst. Wie dem auch sei, heute Abend treffen wir uns alle wieder beim „alten Bojik". Du hast dich schon lange nicht mehr dort blicken lassen. Dabei würde es dir, besonders jetzt, sehr gut tun. Anregende Gespräche, gutes

Bier und nette Gesellschaft. Das wird dich von deinen Gedanken ablenken. Soll ich dich heute Abend abholen? Dann machen wir uns zu zweit auf den Weg."

Jiři schien sich wieder gefangen zu haben. Er hatte Vašek den Rücken abermals zugedreht und nickte.

„Wird Kubas da sein?", sprach er mit erschöpfter Stimme.

„Ich denke schon. Zumindest war er in den letzten Wochen immer vor Ort. Ich rate dir jedoch, dich nicht zu sehr auf ihn einzulassen. Jemand wie Kubas ist jetzt kein geeigneter Umgang für dich."

„Lass das ruhig meine Sorge sein."

Vašek schwieg, klopfte Jiři auf die Schulter und verließ nachdenklich das dunkle Zimmer.

Man hatte es sich unter den Studenten zu eigen gemacht, sich einmal wöchentlich beim „alten Bojik" zu treffen. Das Wirtshaus gehörte zwar nicht zu den schönsten der Stadt, aber die familiäre Atmosphäre gewährte einen ungestörten Stammtisch, ganz ohne lästige Fragen. Obendrein hatte der Schankwirt Bojik immer eine Geschichte aus alten Zeiten zu erzählen und verhielt sich sehr freundlich gegenüber dem jungen Volk. Die Studenten waren eine bunte Gruppe aus allen möglichen Bereichen. Von Literaten über Naturwissenschaftler bis hin zu Künstlern und Juristen war alles vertreten. Man schwatzte über Gott und die Welt, trank, lachte und tauschte sich aus. Seit geraumer Zeit hatte sich auch Kubas zu der Gruppe gesellt. Ein Mann mittleren Alters. Immer gepflegt auftretend, gleichzeitig aber doch recht unscheinbar. Die einzige Auffälligkeit bestand in seinem stechenden Blick, der stets neutral oder gar kalt erschien und niemals auch nur den geringsten Anhaltspunkt einer bestimmten Empfindung preisgab. Wie eine Lanze bohrte sich sein Blick in die Augen seines Gegenübers. Fehlende äußerliche Auffälligkeiten machte Kubas jedoch durch eine unglaubliche Wortgewandtheit wett. Er schien bewandert in allen wissenschaftlichen Bereichen zu sein und war stets über aktuelle Themen informiert. Dabei bewegten sich seine Gedankengänge manchmal in den tiefsten Abgründen und manchmal auf den höchsten Gipfeln der menschlichen Seele. Dennoch war er für die anderen ein Mann ohne Anfang und Ende. Ohne Mutter, ohne Vater und ohne Abstammung. Über seine Herkunft verlor Kubas nie ein Wort. Fragen in dieser Richtung wich er beständig und geschickt aus. Bei jeglichen Fragen privater Natur erwies er sich als schlechter Gesprächspartner. Und wenn er doch einmal etwas von sich preisgab, zweifelte man augenblicklich daran, dass er die Wahrheit sprach. Er bewohnte ein kleines Haus am Rande der Stadt, das durch ein Erbe eines entfernten Verwandten in seinen Besitz gelangt war. Mehr wusste man darüber nicht. Sein Schweigen und seine Geheimnistuerei machten ihn verdächtig. Es hatte eine beunruhigende Wirkung auf die Mitglieder des Stammtisches, wodurch andere sich ihm oft nur mit Vorsicht und Bedacht näherten. Immer auf der Hut vor dem Unvorhergesehenen.

Beim „alten Bojik“ herrschte am Abend ein buntes Treiben.

Der Stammtisch war bereits voll besetzt. Bis auf Kubas, der sich anscheinend verspätet hatte.

„Jiři! Da bist du ja wieder! Grau und fahl siehst du aus. Kommt und setzt euch!", riefen die anderen, als Vašek und Jiři sich näherten. Es wurde getrunken, geschwatzt und gelacht. Dabei war Jiři jedoch schweigsamer und distanzierter als sonst. Auf dem Weg zum „alten Bojik" hatte Vašek noch einmal versucht, ihm ins Gewissen zu reden. Er riet ihm, sich im Beisein von anderen ein wenig bedeckt zu halten. Vor allem sollte er am Tisch das Thema vom Mittag nicht noch einmal aufgreifen. Sichtlich betrübt trank er sein Bier und warf hier und da ein paar Kommentare ein. Schnell bemerkte man seinen düsteren Gemütszustand. Schwermut offenbart sich zu allererst im Gesicht. Jiři fehlte es jedoch an schauspielerischem Talent, um seine trübe Stimmung zu verbergen. Auf neugierige Fragen entgegnete er, dass er schlecht geschlafen habe.

Die erste halbe Stunde flog alsbald dahin. Kubas trat nun ein, der sich mit knappen Worten für seine Verspätung entschuldigte und sich sogleich zu den anderen gesellte. Das aschgraue Gesicht Jiřis schien ihm sofort aufzufallen.

„Mein lieber Jiři! Wie schön, dich wieder zu sehen. Doch wie schaust du drein? Dein Gesicht verschmilzt ja mit der schmutzig grauen Tapete!"

Jiři lächelte verlegen.

„Das höre ich heute nicht zum ersten Mal."

Man kam ins Gespräch, während Vašek die beiden argwöhnisch beäugte und Jiři hier und da bedeutungsvolle Blicke zuwarf. Dennoch blieb der Versuch, ihn von Kubas wegzulocken, erfolglos. Denn mit jedem Schluck lockerte sich Jiřis Zunge mehr. Kubas durchschaute Vašeks Bemühungen recht schnell und blitzte ihn von der Seite an, während er das Wort an Jiři richtete:

„So so, jetzt klärt es sich! Das Böse und Hässliche hat es dir angetan. Wie viele vor dir sind schon in diese Gefilde geflohen. Auf der Flucht vor Langeweile und Oberflächlichkeit. Doch bedenke, der Mensch huldigt bereits dem sogenannten Bösen. Von Beginn an und bis in alle Ewigkeit. Solange das Böse in schimmernden Gewändern vor ihm steht. Der Elster gleich läuft er dem Glanz hinterher. Das Gute zu verehren gebietet ihm der Anstand, doch dem Bösen zollt er heimlich Beifall. Warum also willst du dem Bösen den glänzenden Mantel entreißen? Und vor allem: Bist du selbst Manns genug, den Anblick des reinen Bösen zu ertragen? Denn ich vermute mal, dass auch du nur an das schöne Gewand gewöhnt bist."

Jiři fühlte sich ein wenig ertappt. Denn er selbst konnte sich diese Fragen nicht beantworten. Kubas bemerkte rasch die Verunsicherung in seinem Gesicht.

„Ich verstehe dein Problem sehr wohl. Du bist schläfrig und gelangweilt. Müde vom Leben. Doch nicht die Müdigkeit ist die Triebfeder, sondern der Mangel an lebendigen Empfindungen. Und das wiederum ist mehr als menschlich, denn jeder braucht einen Anreiz im Leben, um dieses, trotz aller Pein und Qual, fortzuführen. Das Leben langweilig zu finden ist mehr als leicht. Es interessant zu finden jedoch äußerst schwer. Und genau an diesem Scheideweg befindest du dich jetzt. Du suchst krampfhaft einen Weg, um deine eigenen Mauern zu durchbrechen, damit du nicht mit den anderen lebendig verfaulen musst. Doch diese Mauern sind dem Menschen eigen. Die Welt kannst du berühren und mit deinen verfügbaren Sinnen erfassen. Alles was sich jedoch hinter dieser Mauer befindet, obliegt deinem Einfallsreichtum. Fassen kannst du es nicht. Wie Sand rinnt es dir durch die Finger. Erkenne, dass das Leben und die Welt ohne Sinn und Hoffnung sind. Wer etwas anderes behauptet, trotz der Zeichen, ist von Sinnen."

Während die Zeit vorüberflog, vertieften sich Jiři und Kubas mehr und mehr in ihre Gespräche. Das Bier lockerte nicht nur die Zungen, sondern hob auch die Lautstärke an. Sie diskutierten mittlerweile so laut, dass auch alle anderen am Tisch ihrem Gespräch folgen konnten. Vašek schüttelte verächtlich den Kopf.

„Diese Narren! Von seiner Melancholie wollte ich Jiři ablenken. Jetzt aber scheint es mir, als ob ich ihn zu seinem Henker geführt habe."

Mit Argwohn lauschte man ihnen. Denn nicht allen gefiel, was Kubas von sich gab.

„Schaut euch Jiři an! Wie er an Kubas' Lippen hängt. Dabei

sät er die wildesten Zweifel in seine Seele und quält ihn mit unangenehmen Fragen“, flüsterte man sich am Tisch zu.

„Das grenzt an Blasphemie!“, sprach ein Student der Theologie.

Nach einiger Zeit stand Jiři wankend auf.

„Ich brauche ein bisschen frische Luft. Der schwere Dunst und das schale Bier rauben mir den Verstand.“

Er stieß die schwere Eichentür krachend auf. Auf dem Flur überkam Jiři eine schwere Übelkeit, weswegen er ungeschickt hinausstürmte. Er übergab sich auf den Bürgersteig. Das vorüberziehende Volk nahm nicht weiter Notiz von ihm. Zu dieser Stunde und in diesem Viertel der Stadt war solch ein Anblick nur allzu gewöhnlich. Jiři hockte sich nieder und stützte den Kopf auf seinen Knien auf. Schnell überkam ihn wieder ein gewisses Maß an Klarheit. Er tat ein paar Schritte die Straße entlang und atmete tief durch. Nach einiger Zeit hörte er ein dumpfes Getöse. Durch den gedämpften Widerhall konnte er im ersten Moment nicht ausmachen, woher der Lärm kam. Ein lauter Knall lüftete das Geheimnis. Die Tür zum „alten Bojik“ stand weit offen und zwei schwarze Silhouetten wälzten sich lautstark im Lichtkegel des Flurs. Jiři beobachtete die Szene aus der Ferne. Er beschleunigte seinen Schritt, soweit das in seinem Zustand möglich war, um zu erkennen was dort vor sich ging. Alsbald überholten ihn jedoch drei Gendarmerie-Offiziere, die sich, scheinbar zufällig, in der Nähe aufhielten. Jiři verlangsamte seinen Schritt.

„Das soll's lieber gewesen sein für heute Abend. Was kümmern mich zwei betrunkene Streithähne, die sich auf der Straße die Zähne ausschlagen? Auf Ärger mit der Gendarmerie kann ich gut und gerne verzichten."

Jiři wurde von hektischen Schritten auf der Treppe geweckt, gefolgt von noch hektischerem Klopfen an seiner Tür. Das Zimmer lag im Halbdunkel. Er hatte noch die Kleidung vom Vortag an, die stark nach Erbrochenem, Alkohol und Tabak roch. Vašek polterte unaufgefordert durch die Tür.

„Da bist du ja! Wo zum Teufel warst du gestern?"

Jiři quälte sich mühsam hoch.

„Bist du von Sinnen! Was sollen der ganze Lärm und das Gezeter?"

Vašek vergewisserte sich, dass sich niemand auf dem Flur befand und schloss eilig die Tür hinter sich.

„Kurz nachdem du gestern hinaus an die frische Luft gegangen bist, ist die Hölle ausgebrochen! Kubas und Otakar haben sich auf offener Straße geprügelt!"

Aufrecht auf dem Divan sitzend, rieb sich Jiři die Stirn.

„Ja, ich habe den Tumult aus der Ferne beobachten können, konnte aber nicht erkennen, wer daran beteiligt war. Als ein paar Offiziere an mir vorüberzogen, hielt ich es für angebrachter, nach Hause zu gehen und mich auszuschlafen. Wie kam es zu der Prügelei? Wer hat das Handgemenge für sich entschieden?"

„Du weißt es also noch nicht?" entgegnete Vašek.

„Letztendlich hat es keiner für sich entschieden. Denn Kubas hat dem Otakar den Hals umgedreht. Wie es dazu kam, kann ich nicht mit Gewissheit sagen. Während eures Gesprächs schaukelte sich die Stimmung am Tisch bereits hoch. Was Kubas nämlich so alles von sich gab, gefiel nicht jedem dort. Auch mir nicht. Irgendwann schienen die beiden aneinander zu geraten. Zuerst lieferten sie sich ein lautstarkes Wortgefecht, gefolgt von bösen Beschimpfungen beiderseits. Dann zog Otakar urplötzlich ein Messer hervor und ging auf Kubas los, der wiederum auf den Flur rannte. Auf der Straße konnte Kubas seinen Angreifer letztendlich überwältigen und ihm das Messer aus der Hand schlagen. Damit hätte es vorbei sein sollen! Doch er schwang sich blitzschnell auf Otakars Rücken, packte mit beiden Händen seinen Kopf und brach ihm mit einem Ruck das Genick. Im selben Moment tauchten die Gendarmerie-Offiziere auf, die Kubas sofort überwältigten. Sie führten ihn sofort ab, und wir wurden bis in die frühen Morgenstunden zu dem Vorfall befragt. Ich habe dir doch gesagt, dass du dich lieber von ihm fernhalten solltest! Nun siehst du, wie gefährlich dieser Mensch ist! Für diese Tat wird man ihn zum Galgen führen. Genau in diesem Moment wird er wahrscheinlich vernommen." Wie versteinert saß Jiři auf dem Divan. Sein Blick war wie eingefroren.

„Träum ich oder wach ich? Du scherzt, nicht wahr? Wie ist das möglich?"

Die Bilder vom gestrigen Abend schossen ihm durch den Kopf. Angestrengt versuchte er, die Ereignisse Revue passieren

zu lassen, um eine Erklärung zu finden.

„Aber man kann ihn doch nicht aufknüpfen! Er hat schließlich in Notwehr gehandelt, wenn Otakar wirklich den Auslöser lieferte. Das entschuldigt natürlich nicht diese unglaubliche Tat. Aber kein Gericht kann ihn dafür zum Tode verurteilen! Habt ihr den Sachverhalt denn nicht vor der Gendarmerie geklärt?" Ein betretenes Schweigen erfüllte den Raum. Jiři riss verblüfft die Augen auf.

„Sag, dass das nicht wahr ist!"

Vašek schüttelte wortlos den Kopf. Die Stille wurde unerträglich. Von weit her erklang das Geräusch spielender Kinder. Jiři sprang auf und tobte:

„Verkommenes Lumpenpack! Das ist es also, was man euch an den Universitäten lehrt! Man sollte meinen, dass genau ihr es besser wissen müsstet. Doch ihr seid nichts weiter als ein Haufen von Halsabschneidern und Halunken. Und dann ausgerechnet du! Der ach so brave Jurist! Damit hast du den Grundstein gelegt für den bestechlichen, falschen und erpresserischen Richter, der du einst sein wirst. Was soll nur aus der Welt werden, wenn man euch Gesindel in die höchsten Positionen setzt?"

„Zügle deine Zunge, Jiři! Du bist in Rage und weißt nicht, was du sprichst. Kubas ist ein Verbrecher, ein Teufelsanbeter und ein zwielichtiger Gauner, der schier vor nichts zurückschreckt. Ein Wahnsinniger! Er hat, auch wenn es aus Notwehr geschah, einen Menschen bestialisch ermordet, von dem, zum besagten Zeitpunkt, keine Gefahr mehr ausging. Warum soll man ihn für den Rest seines Lebens einkerkern, wenn man ihn jetzt, ohne großes Aufsehen, auch an den Galgen knüpfen kann? Sein Leben hat er verwirkt. Glaub mir, es ist besser so. Er ist gefährlich und würde es ein Leben lang bleiben."

Jiři stand die ganze Zeit regungslos vor ihm. Seine Raserei schien verflogen. Er entgegnete in einem ruhigen, fast flüsternden Ton:

„Nein, Vašek. Der einzig gefährliche Mensch in dieser Sache steht gerade vor mir. Du und deine Henker. Geh nun. Geh, bevor ich mich vergesse!"

Es folgte abermals eine schweigsame Minute. Beide starrten sich an. Mit dem Kopf nickend, drehte sich Vašek auf dem Absatz um und verließ das Zimmer. Jiři ging nervös auf den Bohlen auf und ab und versuchte einen klaren Gedanken zu fassen. Doch es war ihm unmöglich, seine Gedanken zu ordnen, geschweige denn, sie zu kontrollieren. Er ergriff seinen Mantel und verließ eilig das Zimmer.

„Ich möchte zu dem Gefangenen Kubas."

Ein verschwitzter Beamter schaute müde über seinen Tisch hinweg zu Jiři.

„Und Sie sind?"

„Mein Name ist Jiři Navratil, ein Freund des Angeklagten."

Der Beamte trug Jiřis Namen in ein Büchlein ein, musterte ihn und rief einen weiteren Beamten mit einer Handbewegung herbei.

„Ihr Freund sitzt in seiner Zelle. Sie haben fünfzehn Minuten. Mein Kollege wird Sie begleiten. Ziehen Sie bitte Ihren Mantel aus und lassen Sie all Ihre mitgeführten Gegenstände hier. Sie können sie dann später wieder abholen."

Jiři ging in Begleitung eines Justizbeamten zu der Zelle, in der Kubas saß. Hineingehen durfte er jedoch nicht. Hinter rostigen Gitterstäben saß Kubas auf einer Pritsche und schaute auf den Boden. Er sah abgekämpft aus, zeigte beim Anblick von Jiři jedoch keine nennenswerte Regung.

„Oh, welch angenehme Überraschung!", sprach Kubas mit unbeweglicher Miene. „Willst du deinen toten Freund besuchen und ihm die letzte Ehre erweisen?"

„Noch sehe ich einen lebendigen Menschen vor mir, Kubas. Vašek war bei mir und hat mir die Ereignisse der letzten Nacht mitgeteilt. Was ist bloß in dich gefahren? Ist es wahr, dass du dem Otakar den Hals umgedreht hast?"

Kubas schwieg.

„Vašek meinte weiterhin, Otakar habe dich mit einem Messer angegriffen. Ist das die Wahrheit?"

„So ist es, ja. Jedoch stehe ich damit allein auf weiter Flur. Im Verhör der Zeugen wurde darüber anscheinend kein Wort verloren. Es macht aber auch keinen Unterschied mehr. Meine Zeit ist um. Ob Strang oder lebenslang Gefängnis, es ist mir einerlei. Ich bin sogar erleichtert, dass ich nun ein Ende finden werde. Viel zu lang schon bin ich durch die Welt geirrt."

„Was erzählst du da bloß, Kubas? Wie kannst du dich mit

diesem Umstand abfinden?“

„Du wirst es noch verstehen, mein lieber Jiři. Mach dir keine Mühe, mir noch in irgendeiner Weise helfen zu wollen. Du könntest sowieso nichts mehr ändern. Nutzen wir die letzten Minuten, die wir noch zusammen haben.“

Der beistehende Beamte schaute indessen auf seine Taschenuhr.

„Sie haben noch fünf Minuten.“

Kubas nickte und schaute Jiři mit einem eisigen Blick an.

„Einen letzten Dienst sollst du mir erweisen. Oder besser gesagt: Ich werde dir einen letzten Dienst erweisen. Morgen soll meine letzte Anhörung stattfinden. Danach wird man mich recht schnell verurteilen. Schon in sieben Tagen werde ich nicht mehr unter den Lebenden weilen. Geh danach zur Direktion und verlange meinen Schlüssel, den man mir bei meiner Inhaftierung abgenommen hat. Ich werde ein Schriftstück abfassen, das es dir ermöglicht. Wo mein Haus sich befindet, weißt du. All mein weltlicher Besitz sei dein. Verwalte also nach deinem Ermessen. Aber mehr noch! Auf dem Dachboden wirst du finden, was du suchst. An der Giebelseite wirst du eine Truhe finden. Diese ist jedoch nicht von Belang. Schiebe sie zur Seite und öffne den Verschlag an der Giebelwand. Deinen letzten Roman hast du verbrannt. Nun sollst du einen neuen Roman bekommen!“

Kubas lächelte, seine Augen und übrigen Gesichtszüge blieben jedoch weiterhin eingefroren.

„Ich verstehe kein Wort von dem, was du sagst. Die Umstände müssen deinen Geist verwirrt haben."

„Oh nein, mein Geist ist klar wie nie zuvor. Du willst das Antlitz des reinsten Bösen und Hässlichen sehen? Nun sollst du es sehen!"

Kubas' Worte klangen wie eine Drohung. Jiři konnte sich keinen Reim darauf machen. Dieser Unsinn, den er sprach, konnte nur von seinem wirren Gemütszustand herrühren.

„Es ist Zeit! Ihre fünfzehn Minuten sind um."

Traurig und mitleidig schaute Jiři auf Kubas herab.

„Denk an meine Worte, Jiři! Das Böse ist der Gott der Menschen. Sie haben beide denselben Ursprung!"

Der Beamte fasste Jiři an der Schulter und führte ihn aus dem Zellentrakt.

Von der bevorstehenden Hinrichtung hatte Jiři aus der Zeitung erfahren. Er stand vor seinem Fenster und sah hinaus, während er Kubas' Schlüssel in Händen hielt, den er vor ein paar Tagen bei der Gendarmerie abgeholt hatte. Sichtlich nervös schaute er auf die Uhr. Die Hinrichtung sollte gegen halb zehn erfolgen. Jeden Augenblick müsste es soweit sein. Kurz darauf erschallten auch schon die Glocken des Kirchturmes.

„Da ertönt dein Geleit, Kubas! Gute Reise.... In welch eine Welt wurde ich bloß hineingeboren?", flüsterte er. Er betrachtete den gusseisernen Schlüssel.

Das Haus lag verschlafen am Rande der Stadt. Ohne Nachbarn. Zumindest nicht in unmittelbarer Umgebung. Auch wenn es von Efeu bewachsen war und der Garten eher einer wilden Wiese glich, sah es dennoch nicht ungepflegt oder gar verkommen aus. Noch nie zuvor war Jiři bei Kubas zu Hause gewesen. Daher bereitete es ihm einiges Unbehagen, das Haus eines Toten zum ersten Mal aufzusuchen, den er doch recht lieb gewonnen hatte in der Vergangenheit. Der Schlüssel öffnete das Schloss, worauf die Tür knarrend aufschwang. Ein merkwürdiger Geruch kam Jiři an der Schwelle entgegen. Eine Mischung aus Feuchtigkeit, schwerem blumigem Parfum, Leder, Pfeifentabak und altem Holz. Bedächtig ging Jiři von Raum zu Raum.

„So hast du also gelebt, mein lieber Kubas! Schlecht ergangen ist es dir anscheinend nicht. Mein Zimmer ist eine Abstellkammer dagegen."

Überrascht war er über die Inneneinrichtung und den allgemeinen Zustand des Hauses. Die Wohnung ähnelte eher einem Antiquariat, das einen sehr sauberen und gepflegten Eindruck machte. Es schien fast so, als ob Kubas seit dem Antritt seines Erbes nichts an der Einrichtung verändert hatte und die gesamten Räumlichkeiten auch nur selten nutzte. All dies passte nicht in das Bild, welches sich Jiři von Kubas in den letzten Monaten gemacht hatte. Nun stand er vor der Treppe, die in das obere Stockwerk führte. Über dem Aufgang hingen getrocknete Sträuße, die Jiři als eine Asphodelus-Art erkannte und die er für den markanten Geruch verantwortlich machte. Oben wurde der Geruch weitaus intensiver. Am Ende des Flurs befand sich ein kurzer Aufgang, der in den Dachstuhl führte. Der Dachboden selbst lag, mehr oder weniger, in tiefem Schwarz. Die Luft zum Zerschneiden dick und aufgeheizt durch die Wärme eines sommerlichen Tages. Drei kleine Fenster boten die einzige Lichtquelle, waren jedoch von allerlei Gestrüpp verdunkelt, das anscheinend als Brutstätte für ansässige Vögel diente. Ein schwaches Licht fiel direkt auf die Truhe, die Kubas erwähnt hatte. Die Truhe selbst schien jedoch leer zu sein. Ohne große Mühe konnte er sie beiseiteschieben. Zum Vorschein kam ein feiner Kreidestrich an der Wand, der den Rahmen eines Quadrates oder, mit ein bisschen Fantasie, einer kleinen Tür nachzeichnete. Der bleischwere Dunst des Dachbodens wurde so stark, dass sich Jiři den Ärmel seines Mantels vor Mund und Nase halten musste. Vorsichtig löste er die Bretter von der Wand, die nur lose verkantet waren. Nach und nach legte er eine Zwischenwand frei. Dem seichten und gedämpften Lichtstrahl des sterbenden Tages war es jedoch nicht möglich, in das Innere der Wand vorzudringen. Der Gestank wurde nun unerträglich, worauf Jiři zurück taumelte und sich augenblicklich übergeben musste. Er stürzte die Treppe hinab, entzündete die Kerzen eines Leuchters und eilte nochmals auf den Dachboden, um den dunklen Ort zu erleuchten. Ihn traf fast der Schlag. Die Welt stoppte ihren Lauf und versetzte das Hier und Jetzt in einen zähen und lautlosen Zeitlupenlauf. Aus dem Verschlag leuchtete ihm ein Regenbogen der Fäulnis entgegen. Wütend rutschten, aufgrund des nachlassenden Druckes, allerlei Gebeine in jedem erdenklichen Verrottungszustand aus der Wand, drängten die

übrigen Bretter zur Seite und breiteten sich auf dem Boden aus. Elstern, Spatzen und Meisen, ein Hundegerippe, Marder und Wiesel, der Kopf einer Katze entflohen in ihre neu gewonnene Freiheit. Menschliche Gliedmaßen und ein Schädel, oben wie eine Elfenbeinkugel poliert, unten jedoch wie mit gegerbtem Leder überzogen, traten hervor. Blau gewordenes Fleisch trieb auf und presste sich durch die Öffnung. Ein Arm, der wie eine Forelle schimmerte und in die eitrige Farbpalette eines wahnsinnigen Malers eintauchte. Betende Hände, die in voller Fäulnis ausschlugen. Ein Büschel Haare, der wie Wasserpest auf einem Tümpel aus konzentrierter Brühe grünte.

Der Vorhang fiel auf der Theaterbühne der Menschlichkeit. Jiři sank nieder auf seine Knie. Ihm wurde schwarz vor Augen.

„Ich bin noch nicht reif, das reine Böse zu ertragen!"

Die Gefallenen

Wir fielen herab vom fahlen Himmel.
Das Firmament so sternenleer und matt.
Lautlos pflügen die zerriss‘nen Schwingen.
Augen, die wie Kohlen glühen und Feuerrädern gleichen.
Ein jeder Schweif das Schwarz zerteilt.

Du fragst, warum ein Augenblick Genuss
Dich Jahre voller Leiden kosten?
Diese Hölle wird dir wie der Himmel scheinen.
Wermut tauchen wir in Honig.
Lehren werden wir euch, wie man verglüht und sich verzehrt.

Weisheit willst du haben? So sei es!
Wir holen sie aus ihrem Versteck für dich.
Doch wisset eins: Wo Weisheit thront, ist auch viel Leid.
Und das Brüderchen des Leids ist Gram.
Dies sei nun der Fluch des Weisen.

Du willst Gold? Das sollst du haben!
Die leuchtenden Adern der Erde brechen wir für dich auf.
Doch wisset eins: Gold macht auch den Ehrlichsten zum Lumpen.
Mit dem Wahnsinn geht es oft Hand in Hand.
Ein trügerischer Spiegel, der jeden sonnengleich erscheinen lässt.

Du willst deine Feinde in die Knie zwingen? Nun denn!
Aus schnödem Erz sollen Schwerter werden!
Doch wisset eins: Das Schwert kennt keinen Unterschied.
Jedes Fleisch und jeder Knochen ist von gleicher Natur für sie.
Was heut ein teurer Sieg für euch,
Wird bald zum Niedergang verkehrt.

Schönheit ist das, was du begehrst? Ein Leichtes!
Den reinsten Menschen machen wir zur Dirne.
Doch wisset eins: Die Schönheit gebiert die Eitelkeit.
Wächst sie heran, so schlägt sie ihre Mutter tot.
Was übrig bleibt, ist Hässlichkeit hinter feinster Seide.

Du siehst: Alles, was wir fassen, wird zu Licht.
Ein Licht, das ihr seit Ewigkeiten sucht.
Erwählt ihr uns, so wählt ihr kurzes Glück.
Doch beklagt euch nicht, dass ihr zu Opfern wurdet.
Denn Täter seid ihr, mit freiem Willen allemal.

Nebukadnezar

Rauchschwaden am Horizont verkünden das Ende einer langen und beschwerlichen Reise. Verkünden den pulsierenden Nabel der Welt, dem selbst Rom, Athen oder Karthago in Größe, Schönheit, Macht und Reichtum nicht das Wasser reichen können. Dieser Dreh- und Angelpunkt eines der größten Reiche der Erde ist nun also das rettende Ufer inmitten eines endlosen Meeres aus Sand und Hitze, das so gnadenlos gegen alles Lebende kämpft und doch gleichzeitig die Mutter einer Vielzahl von Geschöpfen ist.

Je näher man der Stadt kommt, umso lebendiger werden die Straßen. Bettler, die mit ihren faulenden Stumpen und in zerrissenen Gewändern um ein paar Münzen bitten, schreiende Kutscher auf riesigen Fuhrwerken, die wie rasend auf ihre Ochsen einprügeln, in wunderliche Kostüme gekleidete Handwerker aller Art, ja ganze Karawanen kreuzen den Weg. Am Wegesrand türmt sich der Unrat. Im Todeskampf erstarrte und von der Sonne mumifizierte Mensch- und Tierkadaver säumen den Pfad. Nun stumme Leuchttürme der Wüste, die, mit straff gespannter, ledriger Haut über ihren elfenbeinfarbenen Knochen, den Finger in die Höhe strecken und vor der nahenden Zivilisation warnen.

Die Sandsteintore mit ihren filigranen Mosaiken empfangen ihn, der da ausgedorrt, mit verbrannter, Blasen schlagender Haut sich teils kriechend fortbewegt und sich wie ein Wanderer zwischen zwei Welten fühlt. Denn auf der einen Seite frisst ihn die Totenstille der Wüste gänzlich auf, hinter den Toren der Stadt jedoch umfängt ihn das geschäftige Treiben und das Getöse Tausender von Menschen. Hinter Marktständen aus feinstem und reich verziertem Zedernholz stehen allerlei Händler, die unter safrangelbem und himmelblauem Tuche Waren aus aller Welt anbieten und lautstark um jede Münze feilschen. Dazwischen befinden sich kreisrunde Chaima-Zelte, in denen Gaukler, Wahrsager, Schlangenbeschwörer und Magier ihre Künste zur Schau stellen und ihre Dienste anbieten. Ihre Gewänder unterscheiden sich stark von denen des normalen Volkes, welches in den Farben der Wüste gekleidet ist. Manch einer vom Schaustellervolk trägt eine Robe, einer Djellaba gleich, die in den brennendsten Tönen gefärbt und mit zahlreichen, geheimnisvollen Zeichen und Symbolen aus fremden Welten bestickt ist. Andere von ihnen sind wiederum beinahe nackt, ihre Körper, selbst ihre Gesichter jedoch wunderlich bemalt. Tausende von Menschen schieben sich durch die schmutzigen Gassen. Wie zäher Honig, der zu einem einzigen großen Organismus verschmolzen ist, umfließen sie die einzelnen Stände. Die Luft ist erfüllt von dem Geruch von Sandelholz, Kot, Weihrauch, Schweiß, unzähligen Gewürzen und Ölen. In einem mit purpurnem Tuche bespannten Vorzelt öffnet ein einäugiger Kaufmann eine kleine Messingschatulle und holt ein pechschwarzes Granulat hervor, das er auf ein glühendes Stück Kohle in einer Räucherpfanne wirft. Dichte Rauschschwaden steigen von der knisternden Kohle empor und füllen das gesamte Zelt. Der bleischwere Duft des Opiums erstickt alles. Das vorbeigehende Volk saugt die Dämpfe gierig ein und zollt dem Kaufmann frenetischen Beifall, der an diesem Tag gute Geschäfte machen wird.

Von weit her lässt sich Musik vernehmen. Donnernde Pauken, Handtrommeln, Schellen und monotone Stimmen werden immer deutlicher. Ein Tross von Priestern verschiedenen Standes, gefolgt von Hunderten von Pilgern, bahnt sich den Weg durch die tanzende, singende Menge. Novizen mit kahlrasierten Schädeln und purpurnen Gewändern tragen gewaltige Banner vor sich her und wiegen ihre Köpfe hypnotisch zu den Kehlgesängen. Dazwischen wandeln, gut zu unterscheiden, vereinzelte Hohepriester mit grausigen Masken, die offensichtlich aus Ochsenschädeln hergestellt wurden. Ihre Gewänder sind dunkel eingefärbt und bewegen sich seicht mit dem heißen Wüstenwind. Manche von ihnen schwingen rasselnde Gebetsmühlen. Andere wiederum tragen eine Art Speer bei sich, an dessen Spitze sich kleine silberne Glöckchen und kunstvoll bemalte Vogelknochen befinden. Das Zentrum der Prozession ist eine goldene Sänfte, die von zehn Novizen getragen wird, die, triefend vor Schweiß und ächzend, schier zerbrechen wollen unter der unvorstellbaren Last auf ihren Schultern. Auf der Sänfte selbst befindet sich eine mannshohe Statue, die – ebenfalls in Gold gefasst – die Strahlen der Sonne einfängt und in alle Richtungen zurückwirft. Einem Basilisken gleich, mit dem Kopf und den Klauen eines

Adlers, jedoch mit dem Torso eines Löwen, auf dessen Rücken ein Thron zwischen gespreizten Flügeln eingelassen ist. Der lärmende Tross hält auf eine halbmondförmige Terrasse aus dunklem Basaltgestein zu. Zwei blank geschliffene schwarze Obelisken stehen auf beiden Seiten der Terrasse, an deren Füßen jeweils eine rötliche Schale steht, aus der betäubende Dämpfe emporsteigen. Keine Maserung, keine Struktur ist an den Obelisken zu erkennen. Wie aus einem Material aus einer anderen Welt geschaffen, stehen sie thronend über allem und saugen jegliches Sonnenlicht in sich ein. Die Sonne hat die Oberfläche derart aufgeheizt, dass sie zu kochen scheint. In konzentrischen Kreisen umwandern die Pilger die geheiligte Stätte. Sie kauen eine Frucht oder Nuss, die ihren Speichel rot färbt. Diesen Speichel spucken sie zuerst in die Schalen, dann auf die Obelisken, wobei der Speichel aufgrund der enormen Hitze sofort verdampft. Die maskierten Priester steigen rhythmisch die Treppen auf und ab und fallen auf ihre Knie. Zwischen ihnen steigen einige tief verschleierte Frauen in blauen Roben auf die Terrasse. Auffällig sind reich geschmückte Krummdolche, die an Gürteln aus schwarzem Samt befestigt sind und bei jedem Schritt ein glockenhelles Klirren von sich geben. Einige der Frauen tragen schreiende Lämmer auf ihren Armen. Der Basilisk ist nun in der Mitte der Plattform platziert worden. Lang hingestreckt, mit dem Gesicht zur Erde, liegen die Novizen um die Statue verteilt. Die Menge tobt und stampft mit den Füßen zum Takt der Pauken. Greise reißen brüllend und unter Tränen ihre Gewänder

entzwei und strecken die Hände in die Höhe. Andere wälzen sich wie vom Wahnsinn gepackt und mit wilden Gebärden im Staub und geben die unheimlichsten Töne von sich. Auch die Musik wird nun immer schneller. Riesige Posaunen dröhnen los und bringen die Wüstenluft zum Schwingen. Die Karawane der verschleierten Frauen bewegt sich indessen auf den Basilisken zu.

Er kann die flimmernde Wüstenluft, die schweren Gerüche, das Geschrei, ja die ganze Prozession nicht mehr ertragen. Das Gebrüll der Lämmer wird indessen immer schriller und verzweifelter. Die Krummdolche blitzen hell auf. Das Blut an den Klingen zieht in langen Fäden gen Boden und bildet einen karmesinroten Spiegel, der das goldene Licht der Sonne gänzlich verschluckt und nicht mehr freigeben will. Die verschleierte Frau, die das letzte Lamm zur Schlachtbank gebracht hat, ist besonders auffällig. Ihr feines, eng anliegendes Gewand lässt eine Statur erahnen, die nur aus Haut und Knochen bestehen muss, ja eher einem Hauche gleicht, der sich in dem sonderbaren Licht des glühenden Tages von einem Moment zum anderen auflösen will. Sie dreht sich um und zeigt mit ihren knochigen Fingern auf den, der da ungläubig in sengender Sonne das Schauspiel beobachtet. Aus ihren phosphoreszierenden Augen bricht ein Glanz hervor, der aus dem tiefsten Innern der Ruine ihres Körpers zu kommen scheint. Nur zaghaft nähert er sich dem Throne. Man weist ihn darauf hin, sich zu setzen. Das Volk fiebert.

Ein Rasseln, Schritte auf dem Gang. Gleißendes Halogenlicht flammt auf und flackert in einem irren Takt. In eine Ecke des Zimmers verkrochen sitzt er. Barfuß, speichelnd, mit einem Hemd bekleidet, das einst schneeweiß gewesen war. Auf dem Kopf eine selbstgebastelte Krone aus Zeitungspapier und Strohhalmen.

Der schwerste Abschied

Die Alte seh‘ ich Tag für Tag
Im Trauergang zu Mannes Sarg
Erloschen nach recht langem Leid
So einsam bis in alle Zeit

Den Stab sie durch das Erdreich führte
Bald des Deckels Holz berührte
Klopfte sie stets dreimal an
Sodann der Tote dumpf erklang:

„Die arme Seele peinigst du
Find keine Rast und keine Ruh
Nun täglich mich dein Klopfen weckt
Trotz Erde mich schön zugedeckt

Dies ist nicht der Ort für dich
Der Tod mein Freund nun ewiglich
Befreie mich von deinem Bann
Damit ich wieder schlafen kann“

Eine zweite Haut

Die rabenschwarzen Serpentinen hingen bedrohlich an den steilen Abhängen, deren Grund man für gewöhnlich nicht einmal bei klarem Wetter ausmachen konnte und welcher nur zu erahnen war. In dem Tal am Fuße der Serpentinen befand sich ein kleines Dorf, das sich, abgeschnitten von der Außenwelt, wie in einem tausendjährigen Schlaf befand. Aufgrund der ungünstigen Lage gab es Zeitabschnitte im Jahr, in denen kein warmer Sonnenstrahl über den Gebirgskamm hinweg den Boden erreichte. Dementsprechend lag die gesamte Ebene für einige Monate in stetem Schatten. Diese Besonderheit schien sich sogar in der Flora und Fauna des Tals widerzuspiegeln, die mit dem Umland nicht zu vergleichen war, ja beinahe wie aus einem weit entfernten Land stammend anmutete.

Wie oft schon war der Lehrling diesen steilen Abhang heruntergegangen um für seinen Meister Besorgungen im Dorf zu erledigen. Jeden dritten Tag schickte ihn sein Lehrherr hinab, da es im weiten Umkreis keine andere Örtlichkeit gab, um das Allernötigste zu besorgen. Dabei erledigte er seine Aufgaben stets gewissenhaft, streunte nie in den Wäldern herum, verfiel nie dem Alkohol oder den zahllosen, käuflichen Frauen im Dorfe. In den letzten Jahren hatte sich viel ereignet auf seinem Wege. Von umgestürzten Fuhrwerken über verletzte Waldarbeiter am Wegesrand und ausgebrochenen Schafherden hatte er schon alles erlebt. Er kannte jeden ansässigen Bauern oder Jäger beim

Namen. Die schlimmste Begebenheit ereignete sich jedoch im letzten Jahr. Ein Wolfsrudel schien am helllichten Tage über einen Bauern und seinen Sohn hergefallen zu sein. Erst am nächsten Morgen entdeckte der Lehrling, auf seinem Weg, was von dem traurigen Schauspiel geblieben war. In der Nacht hatte sich bereits allerlei Getier über die armen Seelen hergemacht. Bis in die hohen Kiefern hinein fand man die Überreste verstreut. Seit dieser Tat hatte der Lehrling sich mit einem Messer bewaffnet, wenn er über die Serpentinen schlich. Allerdings sorgte das eher für ein gutes Gewissen, als dass es ihm gegen ein Wolfsrudel hilfreich gewesen wäre.

Der frühmorgendliche Nebel hatte sich schon fast aufgelöst und hing nur noch in dünnen Fetzen in den Bäumen. Auch wenn dunkelgraue Wolken am Horizont einen unangenehmen Wetterumschwung voraussagten, machte sich der Lehrling auf den Weg und genoss die letzten Sonnenstrahlen, bevor die Sonne ihn, auf halber Strecke, vor dem Abstieg verlassen würde. Den ersten Wegabschnitt bis zu den Serpentinen hatte er schnell hinter sich gebracht. Schon von weitem sah er mehrere Menschen am Rande des Abstiegs stehen, die augenscheinlich in ein lebhaftes Gespräch vertieft waren. Als man den Lehrling näherkommen sah, grüßte man ihn bereits und gab ihm mit wilden Handbewegungen zu verstehen, anzuhalten und sich ihrer Gruppe anzuschließen.

„Ich grüße euch!“, rief der Lehrling, sichtlich erfreut, Gesellschaft auf seinem Weg gefunden zu haben.

„Halte ein, junger Freund! Setze deinen Weg nicht fort! Nutze den Abstieg auf der anderen Seite des Tals, denn hier vor Ort geht der Teufel um."

Das leichte Schmunzeln auf seinem Gesicht konnte der Lehrling nur schwerlich verstecken.

„Der Teufel? Nun, in der heutigen Zeit findet man ihn ja hinter jeder Biegung. Warum also seid ihr so besorgt? Was ist geschehen?" Unter den Beteiligten befanden sich drei ansässige Bauern und der Jäger, der in diesem Teil des Tales sein Revier verwaltete. Die drei Bauern schienen den Anstoß zur Unterredung gegeben zu haben, denn diese glichen, ihrer Körpersprache nach zu urteilen, eher geprügelten Hunden als gestandenen Männern und schauten sichtlich nervös drein. Der Jäger hingegen machte einen gelangweilten Eindruck, während er hier und da zähflüssigen, braunen, von Kautabak gefärbten Speichel ausspie und zynische Blicke auf die Bauern warf. Einer der Bauern löste sich aus seiner Starre, ging dem Lehrling entgegen und reichte ihm die Hand.

„Es geht hier nicht mit rechten Dingen zu! Seit Tagen schon hört man, nach Einbruch der Dunkelheit, die wildesten Höllensymphonien von den Abhängen herunter hallen. Manchmal wie Kindergeschrei, dann wiederum wie das Gejammer gepeinigter Katzen. Das Blut gefriert einem bei dem Getöse dieser toten Nächte! Des Weiteren verbreitet sich tagsüber ein unerträglicher Gestank auf mittlerer Höhe des Abstiegs. Dort, wo die alten Eichen schon seit 100 Jahren stehen, hält man es am Tage nicht mehr aus. Ob der Gestank und der Lärm ein und derselben Quelle entspringen, lässt sich nicht sagen. Das Geschrei bricht sich an den steilen Abhängen und wird von einer Ecke des Tals zur anderen geworfen. Keiner der Bauern traut sich mehr allein von den Serpentinen hinabzusteigen, um seiner Arbeit nachzugehen."

Der Jäger hatte während der hektischen Ansprache des Bauern ununterbrochen den Kopf geschüttelt und mit den Augen gerollt. Als der Bauer seinen Bericht unterbrach um tief durchzuatmen, ergriff er das Wort:

„Alles nur Gespenster und Trugbilder! Und deswegen solch ein Wehklagen! Das, was ihr hört, ist Getier, das sich des Nachts zankt und zerbeißt. Wie oft hört man dessen Gekeife von den Bergen herunter grollen. Nichts erscheint mir ungewöhnlich an diesen Begebenheiten. Und der fürchterliche Gestank? Weiß Gott, was das ist! Vor ein paar Tagen noch habe ich ein Rotwild verfehlt, es möglicherweise gestreift und verletzt. Und nun ist's wohl verendet, rottet vor sich hin und stinkt zum Himmel. Auch daran kann ich nichts Kurioses feststellen."

„Teufel hin oder her!", warf der Lehrling ein. „Einen anderen Weg zu wählen kommt nicht in Frage. Immerhin bedeutet das einen Umweg von knapp einem Tagesmarsch. Wie sollte ich das meinem Meister erklären? Wie einen treulosen Hund wird er mich davonjagen. Euren Teufel will ich gerne sehen! Lasst uns gemeinsam ziehen und zeigt mir die besagte Stelle. Wir werden sehen, dass alles doch nur Ammenmärchen sind."

Man einigte sich schnell auf diesen Vorschlag, wenngleich auch die Bauern jetzt schon vor Angst zitterten und der Jäger dieses Vorhaben eher als lästig und unsinnig empfand.

Schnell hatte man den Weg hinter sich gebracht. Schon von weitem waren die alten Eichen zu erkennen, die auffällig aus der Landschaft, die vorwiegend durch haushohe Kiefern gekennzeichnet war, hervorragten. Und in der Tat; je näher man den Eichen kam, desto mehr legte sich ein merkwürdiger Geruch auf den Weg, der schnell an Intensität zunahm, bis er sich schließlich in einen abstoßenden Gestank verwandelte. Mit selbstsicherer Miene wandte sich der Jäger den Bauern zu, die das Schlusslicht der Gruppe bildeten.

„Da haben wir's, ihr Narren! Kein Teufel und auch keine Dämonen säumen den Weg. Man riecht es doch sofort. Da fault das Fleisch und gären die Säfte! Irgendwo im Unterholz liegt mein angeschossenes Rotwild und verpestet die Luft."

Akribisch suchte man nun unter den Eichen nach der Quelle des Übels. Jedoch ohne Erfolg. An dieser Stelle war der Abhang besonders steil und zerklüftet. Riesige Felsvorsprünge ragten aus der Wand, die durch das Wurzelwerk der Bäume wie Marmor meliert waren. Einige Sträucher, die sich in den steilen Fels gefressen hatten, versperrten die Sicht auf das darunterliegende Areal.

„Schaut hier! Da liegt der Übeltäter!", rief ein Bauer nach kurzer Zeit.

Sich an einem Ast festhaltend, beugte er sich über den Abgrund und wies mit der Hand auf einen Bereich unterhalb des Weges. Dort hatte sich ein Felsplateau gebildet, welches durch allerlei Strauch und Holz nur schwer einsehbar war. Schnell eilten die anderen zu der Stelle. Tatsächlich konnte man durch das Geäst die Umrisse eines Tieres erkennen.

„Nach einem Rotwild sieht das aber nicht aus. Dafür ist es viel zu groß. Was mag das sein? Ist es ein Pferd? Oder ein Ochse?“

Ein wenig ratlos standen alle dicht gedrängt an der Felskante. Der Lehrling kniete nieder und drückte ein paar Äste beiseite, um besser sehen zu können.

„Es ist ein Pferd! Möglicherweise ist es vom Weg abgekommen, die Klippe heruntergestürzt und dort unten verendet. Vermisst es denn niemand? Es wird ja wohl kaum allein die Serpentinen hinuntergegangen sein.“

Die drei Bauern blickten sich fragend an und zuckten mit den Schultern.

„Uns ist nichts zu Ohren gekommen. Unten im Dorf hat sich bisher niemand über ein fehlendes Pferd beklagt.“

Der Jäger, nun ein wenig kleinlaut geworden, da es sich nicht um sein angeschossenes Rotwild handelte, schaute verwundert an den Eichen empor.

„Was ist das? Folgt dem Stamm bis zu der ersten Stelle, an der ein Ast abzweigt! Trügen mich meine Augen oder liegt dort ein großer Stein mitten auf der Astgabelung?“

Alle reckten die Köpfe gen Himmel. Tatsächlich versteckte sich ein unscheinbarer Stein zwischen Eichenstamm und Ast und thronte in solch einer Höhe, dass man diesen ohne geeignetes Gerät nicht erreichen konnte. Die Bauern wichen schaudernd einen Schritt zurück.

„Was hat das alles zu bedeuten? Wir sagten es ja: Der Teufel wandert durch dieses Tal und treibt seine Späße mit uns."

Der Lehrling ging währenddessen um die Eiche herum und suchte nach weiteren Hinweisen, die Licht ins Dunkel bringen konnten. Es fiel ihnen jedoch weiter nichts auf.

„Merkwürdig ist es in der Tat. Gleichwohl denke ich, dass der Besitzer des Pferdes lediglich die Stelle des Absturzes mit dem Stein markiert hat, um den Kadaver beizeiten mit geeignetem Werkzeug und helfenden Händen zu entfernen. Eine andere Erklärung dieses Schauspiels kommt mir nicht in den Sinn."

Auch dem Jäger schien dies einzuleuchten. Er hatte sich bereits von der Gruppe entfernt und stand abermals an der schroffen Klippe und betrachtete die Umgebung. Nun zog er seine Pfeife hervor und begann sie gemächlich zu stopfen. Der entzündete Tabak glomm knisternd auf und verschmolz mit dem süßlichen Gestank der Fäulnis zu einem noch unerträglicheren Dunst, sodass einem der Atem stockte. Alle waren verstummt und warteten auf eine Regung des Jägers, in dessen Gesichtszügen und Körperhaltung - auch wenn er in aller Seelenruhe an seiner Pfeife zog und fast schon gleichgültig ins Tal hinabschaute - eine Veränderung erkennbar wurde, die von einem grübelnden und unruhigen Geist zeugte.

„Wie dem auch sei. Ich denke, dass wir das Problem so schnell wie möglich selbst in die Hand nehmen sollten. Die Menschen trauen sich ja kaum mehr die Serpentinen zu bewandern. Und wer weiß, ob sich der Besitzer des Pferdes tatsächlich um die Beseitigung kümmern wird. Daher sollten wir in den kommenden Tagen mit brauchbarem Gerät und Werkzeug wiederkommen, denn so ist hier heute, auch mit vereinten Kräften, nichts zu machen. Außerdem zieht ein Unwetter auf, das uns die Arbeit noch zusätzlich erschweren würde."

Alle waren sich einig und sahen keinen Grund mehr, länger an diesem merkwürdigen Ort zu verweilen. Der Lehrling setzte seinen Weg zusammen mit den Bauern und dem Jäger fort, bis sie sich kurz vor dem Dorfe trennten und, nicht ohne ein leichtes Unbehagen aufgrund der Erlebnisse, voneinander verabschiedeten. Als das Unwetter und der Regen einsetzten, erreichte der Lehrling sein Ziel und machte sich sogleich daran, die Aufträge seines Lehrherrn zu erfüllen.

Das Unwetter hatte den Talkessel vollends eingehüllt, und dicke Regentropfen prasselten an den Berghängen herab. Nur mit viel Phantasie ließ sich erahnen, dass sich hinter der schwarzen Wolkendecke der helllichte Tag verbarg. Der Lehrling hatte seine Aufgaben im Dorf bereits erfüllt und war hin- und hergerissen, ob er den Heimweg wagen oder doch bis zum Abzug des Unwetters ausharren sollte. Doch auch Stunden später ließ der Regen nicht nach. Nur widerwillig entschloss er sich, die doch recht unangenehme Rückreise auf sich zu nehmen. Schon nach wenigen Schritten war er von Kopf bis Fuß durchnässt und eilte mit schnellen Schritten durch die aufgeweichten Gassen, deren zäher Schlamm ihn mit aller Kraft am Weiterkommen hindern wollte. Bald gesellten sich zu der Nässe und Dunkelheit auch noch Blitz und Donner. Der Weg war mühselig und endlos, bis der Lehrling endlich den Aufstieg zu den Serpentinen erreichte, der ihn aus dem von Blitzen durchzogenen Kessel herausführte. Kurz darauf erreichte er abermals die rätselhafte Stelle, auf deren Unterseite der Kadaver vor sich hin faulte. Der Regen schien nur wenig von dem Gestank weggewaschen zu haben, der in dicken Schwaden um die Bäume schwebte. Der tosende Regen, das graufahle Licht und der Dunst ließen den Ort noch furchterregender wirken als er ohnehin schon war. Dennoch konnte der Lehrling es sich nicht verkneifen, abermals stehenzubleiben und einen erneuten Blick zu riskieren. Zögerlich näherte er sich der Klippe und blinzelte durch das Geäst auf das darunterliegende Plateau. Etwas schien sich seit dem letzten Besuch verändert zu haben. Es kam ihm plötzlich so vor, als ob ein schwacher Lichtschein von dem Kadaver ausginge. So schwach, dass es nur durch die dunkle Witterung für den Betrachter sichtbar wurde, ihm im hellen Licht des Tages aber wahrscheinlich verborgen geblieben wäre. Auch nach längerer Zeit und mehrmaligem Augenreiben verschwand die Erscheinung nicht. Nun packte ihn die Neugierde vollends. Unter den Werkzeugen, die er in dem Dorfe besorgt hatte, befand sich auch ein längeres, starkes Seil,

das zwar nicht für derartige Abenteuer ausgelegt war, aber dennoch für einen achtsamen Abstieg ausreichend sein sollte. Das eine Ende knotete er um den Stamm einer der drei Eichen, das andere um seine Hüften. Der Abstieg durch das Unterholz war zwar anstrengend, ging jedoch recht schnell vonstatten. Unten angekommen, mit aufgerissener Haut und Abschürfungen an Armen und Beinen, entknotete er das Seil und musste sich für einen Augenblick niederknien, wie betäubt von dem fürchterlichen Gestank, der an dieser Stelle am stärksten war. Erst jetzt bemerkte er, dass das morsche Licht nicht direkt von dem toten Körper ausgestrahlt wurde, sondern aus grob zusammengenähten und dennoch klaffenden Wunden aus dem Inneren des Tieres nach außen drang. Von dem Anblick bis ins Tiefste erschüttert, bewegte sich der Lehrling nur mit größter Vorsicht auf den faulenden Kadaver zu. Manchmal schien es ihm, als gerate eine leichte Bewegung in den Körper, die einem Aufbäumen des Brustkorbes in den letzten Atemzügen glich. Auch der Lichtschein gehorchte unbekannten Naturgesetzen, flackerte mal auf, verschwand für einen kurzen Augenblick und leuchtete darauf wieder satt aus allen Ritzen. Nun kniete er ganz nah vor dem Rumpf des Tieres und versuchte zitternd einen Blick durch das aufgetriebene Fleisch in das Innere zu erlangen. Mit einem Ruck schoben sich hastig zwei nebelhafte Augenpaare in sein Blickfeld und durchbohrten ihn bis auf den Grund seiner Seele. Sein erschrockenes Zurückweichen wurde blitzschnell durch einen Arm gestoppt, der aus dem sich öffnenden Rumpf emporschoss, ihn am Schopf packte und ihn in das Innere des Tieres zog, während eine kreischende Frauenstimme ihn anschrie: „Vermaledeit seist du und dieser Ort!"

Tage darauf machten sich der Jäger und die Bauern auf, um den Kadaver wie geplant zu bergen und fortzuschaffen. Doch erschreckend war das Bild, das sich ihnen dort nun zeigte. Blau und Grün aufgeschwemmt, lag das Aas vor ihnen, aus dessen klaffender Wunde in der Brust ein blonder Haarschopf ragte.

Irrlicht

Im Moor da dreh'n sich Dunst und Rauch
Bei jedem Schritt birst Baum und Strauch
Der Wandrer hungrig und betrübt
Auf nassem Holz das Sterben übt

Der Irrwisch ihm der treuste Freund
Durch modrig Wasser mit ihm streunt
In jeder Nacht ihn sorgsam leitet
Das Totenhemd schon vorbereitet

Der Sumpf verschlingt den Wandrer nun
Das Irrlicht lässt die Arbeit ruh'n
Der Tod ihm aus den Augen starrt
Im Grau des Nebels aufgebahrt

Umsonst die Knochen schön gebleicht
Aus Weiß wird Braun wenn Zeit verstreicht
Aus Braun wird Schwarz zu guter Letzt
Wenn Fäulnis durch die Knochen ätzt

Ewige Landschaften

Drei Landschaften hatten sich für alle Ewigkeit in meinem Geiste eingebrannt. Ob ich mehrmals von ihnen geträumt habe oder ob sie nur einmalig auftauchten und aufgrund ihrer Intensität in meinem Gedächtnis blieben, kann ich nicht genau sagen. Auffällig war nur, dass sie sowohl auf visueller als auch auf einer Gefühlsebene in mir einen bleibenden Eindruck hinterließen. Weiterhin schienen alle drei Landschaften den gleichen Regeln zu folgen. Alle waren auf irgendeine Weise mit Orten aus meiner Kindheit verwandt und untrennbar mit ihnen verbunden. Tauchte einer dieser Orte in meinen Träumen auf, fehlten jegliche Handlung und jeglicher Kontext. Wie in ein Gemälde gebannt, stand ich stets an einem Fleck und betrachtete die jeweilige Landschaft, die kein Zeichen von Leben oder Bewegung aufwies.

Der erste Ort war ein Kreuzweg, an dem heute noch mein Elternhaus steht. Befand ich mich hier, war es immer Nacht, mondlos und mit einem sternenklaren Himmel umhüllt. Wie auch in der Realität, stand an einer Ecke des Kreuzweges eine Straßenlaterne, in deren Lichtkegel sich stets die gesamte Handlung abspielte. Außerhalb des Laternenscheins herrschte unangenehme schwarze Leere. In dieser Leere lagen weite, jedoch unsichtbare Ebenen, von denen ein eiskalter Wind lautlos herüber wehte. Die Sterne strahlten unnatürlich hell. In ihrer Mitte, am Dach des Himmels thronend, stand der „Große Wagen“, den ich schon als Kind so faszinierend fand.

Der zweite Ort existierte, genau genommen, nur auf einer Gefühlsebene. Denn mit seinem „realen Gegenstück" hatte er optisch nichts gemeinsam. Dennoch wusste ich, dass ich mich an jenem Ort befinden musste, dessen Innerstes so wunderbar widergespiegelt wurde. In der Realität bestand die Landschaft aus Äckern, die sich in alle Himmelsrichtungen erstreckten. Mitten in dieser weiten Landschaft stand ein kleiner, künstlich angelegter Birkenhain. In meiner Kindheit, und teils auch später noch, spazierte ich regelmäßig durch die Feldwege. In der Traumlandschaft hingegen stand ich inmitten einer grünen Wiese und schaute auf einen steilen Hügel, der in einiger Entfernung stand. In dessen Mitte schoss ein nicht befestigter Weg geradewegs empor. Hier schien es immer Tag zu sein: einer dieser magischen Tage zwischen den letzten Atemzügen des Frühlings und dem leise erwachenden Sommer. Alles war in tiefstes Grün getaucht und strahlte eine unglaubliche Ruhe und Heiterkeit aus, als wolle alles Leben auf der Welt den nahenden Sommer mit offenen Armen empfangen. Hier und da brachen sich die Sonnenstrahlen in unbekannten Objekten und erzeugten einen gelbvioletten Nimbus, der wie ein zarter Schleier das satte Grün umschloss.

Der dritte Ort hingegen war eine Mischung aus Realität und Traum. Eine weite Auenlandschaft erstreckte sich vor mir, die in voller sommerlicher Blüte stand. Uralte Erlen, Weidenbäume und Pappeln standen zerstreut inmitten saftiger Wiesen. Ein ursprünglicher und wilder Ort, in dem man hinter jeder Biegung, jedem Baum und jedem Busch eine neue Entdeckung machen konnte. Als ob jeden Moment ein Schleier von allem abfallen müsste und etwas nie Gesehenes zum Vorschein käme. Ein Friedrich oder Oehme hätte dieses Bild nicht schöner auf Leinwand bannen können.

Das Einzige, an das ich mich erinnere, ist, dass ich für einen kurzen Augenblick auf der Bank am See eingeschlafen war. Ruckartig wachte ich auf. Eine Spaziergängerin, die zwei Plätze von mir entfernt saß, musterte mich argwöhnisch, hatte jedoch auch einen Hauch herablassender Freude in ihrem Gesicht. Ich wusste sofort, warum. Es war mir ein wenig peinlich, denn ich hatte während der kurzen Phase zwischen Traum und Erwachen einen unkontrollierten Laut aus meiner Kehle gepresst. Im Dämmerzustand hatte ich ihn klar genug wahrgenommen, um holprig in das Erwachen hinüber zu stolpern. Ein doppelstimmiger Laut war es, einem tibetanischen Mönchsgesang nicht unähnlich. Jedoch klang mein Laut eher wie zwei simultan dröhnende Trompeten im Missklang. Die Spaziergängerin erhob sich und setzte ihren Weg fort. Sollen sie doch schmunzeln und kichern über meinen stetigen schlaftrunkenen Zustand, der mich von Tag zu Tag mehr aus dem Hier und Jetzt herauszog und mich auf einsame Bahnen lenkte. Ich hatte mit ihnen nichts mehr zu tun, war nur noch ein Gast in ihrem allzu realen Leben. Am Ende ist ein Traum doch nichts weiter als ein ganzes Menschenleben, komprimiert auf ein paar Minuten oder gar nur Sekunden. Warum sollte ich also ein einziges Leben führen, wenn ich Tausende erleben konnte? All die Erfolge, Misserfolge, merkwürdigen Begebenheiten und flüchtigen Bekanntschaften des Lebens finden sich genauso in jenen Träumen wieder. Selbst der Lethetrunk des Lebens, den man Tag für Tag schlückchenweise zu sich nimmt, ist derselbe, den auch der Träumer genießen muss. Wie viele Freunde hatte ich damals, an wie viele wundervolle Zeitabschnitte und Momente meines Daseins habe ich mich in dunkler Stunde geklammert, um einen kurzen Augenblick des Glücks im Elend zu empfinden? Jetzt, nach Jahren, und nachdem alles verdorrt und grau erschien, verblasste auch die Erinnerung an Personen und Gefühle. Lange hatte ich diese schwerelosen Erinnerungen an mich gezogen und mich an ihnen satt gegessen, bis sie zu meinen eigenen Schatten wurden, später sich dann von mir ablösten, und am Schluss traurig am Wegrand hinter mir zurück blieben und sich zum Abschied tief verbeugten. Der ganze gedankliche Fundus eines Menschenlebens schwindet und wird stetig nichtssagender und unwichtiger. Genauso ist es mit den Träumen. Nur weitaus schneller. In der Tat, an solchen Tagen war die Welt schön anzusehen. Doch was war diese goldgefärbte Herbstlandschaft, dieser smaragdgrün funkelnde See gegen die endlosen Landschaften meiner Seele? Nun, der Großteil meiner Träume war dunkel und scheußlich. Doch nahm ich dies gern in Kauf bei den Gedanken an all die täglichen Alpträume und Sorgen der Menschen.

Ich musste kurze Zeit später wieder auf der Bank eingeschlafen sein, denn plötzlich befand ich mich an jenem ersten Ort, der mich mit seinen kalten Winden empfing. Doch dieses Mal schien der Ort sich verändert zu haben. Ungewöhnlich frei konnte ich meine Glieder bewegen, die sonst wie totes Gehölz von mir herunterhingen und jede noch so kleine Bewegung unmöglich machten. Erstaunt über diese neuerlangte Freiheit betrachtete ich, zum ersten Mal, die Örtlichkeit in ihrer gesamten Ausdehnung. Wie eh und je hing der klare Sternenhimmel über allem und bedeckte, in fast schon bedrohlicher Weise, die Äcker wie ein kosmisches Leichentuch. Trotz der unnatürlich starken Leuchtkraft der Sterne konnte dieses schwarze Meer nicht von ihnen erleuchtet werden. Ihr Licht existierte nur in den obersten Sphären des Äthers. Der Wind brannte eisig auf meinem Gesicht, erzeugte jedoch nicht das leiseste Geräusch. Die Stille des Universums herrschte an diesem Ort und war durch nichts aus der Ruhe zu bringen. Als ich mich von dem kalten Wind abwenden wollte, um meine Glieder zu schützen, erfasste mich ein Schrecken, der mich bis ins Mark traf. Auf einer kniehohen Mauer hinter mir saß, wie zu einer Salzsäule erstarrt, ein Mann, der prüfend eine Laterne in die Höhe hielt, um besser sehen zu können. Die schneeweißen, schulterlangen Haare und der ebenso weiße Bart verrieten, dass dieser Zeitgenosse steinalt sein musste. Erst auf den zweiten Blick erkannte ich, dass die Körperproportionen des Greises, im Vergleich zu meinem durchschnittlichen Körperbau, kolossal sein mussten. Aufrecht stehend hätte er mich wahrscheinlich um drei oder vier Köpfe überragt.

„Da sind Sie ja wieder!“, sprach er in äußerst sanftem Ton.

„Sind wir uns schon einmal begegnet?“

„Oh, begegnet sind wir uns schon des Öfteren. Jedoch haben Sie mir stets den Rücken zugedreht und sich keinen Zentimeter

vom Platz bewegt. Aber warum? Nur ein Narr bleibt auf einem Kreuzweg stehen, wenn ihm vier Wege zur Wahl stehen. Was wollen Sie also hier?“

Ein wenig verschämt kratzte ich mich am Kopf.

„Um ehrlich zu sein, weiß ich das selbst nicht so genau. Als ich das letzte Mal hier war, schien mein Körper verloren gegangen zu sein. Zumindest fühlten sich alle meine Glieder fremd an. Wie ein eingeschlafener Arm, auf dem man die ganze Nacht gelegen hat. Man kann ihn schlagen und zwicken, aber er scheint einem nicht mehr zu gehören. Kalt, bewegungslos und ohne Erinnerung stand ich das letzte Mal an diesem Fleck. Warum kann ich mich plötzlich frei bewegen? Wie oft war ich schon hier? Und überhaupt: Wer sind Sie?“

Der Greis senkte bedächtig die Laterne. Ohne den beständig flackernden Lichtschein auf seinem Gesicht erschienen mir die Augen des Alten nun wie gelbe Sonnen, leuchtend und mehr Licht spendend als die Laterne oder die unzähligen Sterne am Himmel.

„Das junge Volk und seine Fragen! Bewegen können Sie sich nun so frei, weil Sie anscheinend erst jetzt dazu bereit sind, erst jetzt aufgewacht sind. Der Mensch meint, dass er durch jede Tür, durch die er im Traume tritt, sich weiter entfernt. Doch das Gegenteil ist der Fall. Mit jeder einzelnen Tür gelangt er einen Schritt näher zu sich selbst. Der tiefste Traum ist der reinen Wahrheit am nächsten.“ Der Greis hielt kurz inne. Mit jedem weiteren Wort fluoreszierten seine Katzenaugen stärker, wie unruhig lodernde Leuchtfeuer.

„Wie oft Sie letztendlich schon hier waren, kann ich Ihnen nicht sagen. Für mich ist das alles nicht von Belang. Ich geleite nur die Suchenden, die fähig sind, ein Stück der Wahrheit zu erblicken." Daraufhin streckte der Alte, wie nach Almosen greifend, seine Hand aus.

„Ich verstehe nicht", sprach ich, während ich ihn verwundert anschaute.

„Wenn ich Sie leiten soll, müssen Sie einen Wegzoll hier lassen."

„Bin denn auch ich ein Suchender?"

Der Greis hielt weiterhin seine Hand auf.

„Natürlich! Sonst wären Sie nicht hier und würden mit mir sprechen."

Tatsächlich befanden sich in meiner Hosentasche ein paar Münzen unbekannter Prägung und Herkunft, die ich vorher nicht bemerkt hatte. Ich legte sie in die ausgestreckte Hand des Alten, der daraufhin freundlich nickte. Behäbig stemmte er sich hoch und erzeugte dabei ein krachendes Geräusch, das einem gefällten Baume glich, der ächzend zu Boden rauschte. In der Tat war der Alte von riesenhafter Gestalt und überragte mich um mindestens einen ganzen Meter. Mit der Laterne in der Hand stellte er sich auf den Kreuzweg und wies in eine Richtung, die mitten in die schwarze Nacht führte.

„Werden Sie mich denn nicht begleiten?"

„Nein, ich bin keiner von den Müden und Suchenden.“

Das Gespräch schien beendet zu sein. Stumm zeigte er mir mit der Laterne den Weg. Ein unangenehmes Gefühl machte sich breit, als ich in das schwarze Nichts schaute in das ich hineingehen sollte. Mit langsamen Schritten begann ich meinen Weg. Schon nach kurzer Zeit wurde ich von der Schwärze völlig verschluckt. Als ich mich umdrehte, konnte ich den Kreuzweg nicht mehr ausmachen. Wie aufgelöst bewegte ich mich in einem Raum, der weder ein Oben, noch ein Unten kannte und anscheinend keinen Naturgesetzen unterlag. Wie beängstigend es doch war, sich wie ein führerloses Schiff durch das Dunkel zu bewegen. Hier gab es nicht den geringsten Reiz für meine Sinne, nicht den kleinsten Orientierungspunkt. Nur der beißende Luftzug und die Erde unter meinen Füßen konnte ich wahrnehmen. Daran konnte ich zumindest erkennen, dass ich aufrecht ging und nicht wie ein Blatt im Wind durch die Endlosigkeit schwebte.

Nach einer gefühlten Ewigkeit konnte ich das erste Mal Konturen in meiner Umgebung ausmachen. Anfänglich versuchte ich, meine Augen auf diese zu fokussieren. Jedoch ohne Erfolg. Veränderte sich die Landschaft um mich herum tatsächlich, oder waren es meine paralysierten Sinne, die aus Mangel an Reizen sich den gröbsten Unsinn zusammenreimten? Mit jedem Schritt wurden die Konturen jedoch klarer und bildeten einen eindeutigen Kontrast zu der bedrückenden Nacht, die ich nach und nach verließ. Ohne dass ich die feine, schrittweise Aufhellung der Welt im Detail wahrnahm, fiel der Vorhang gänzlich. Ich erkannte schnell, dass ich mich in der weiten Landschaft des zweiten Ortes befand.

Der Duft wilder Blumen und Kräuter schoss mir augenblicklich in die Nase. Vögel, Bienen und allerlei anderes Getier tauchten den Ort in eine geschäftige Geräuschkulisse. Seit meiner Ankunft auf dem Kreuzweg spürte ich das erste Mal wieder meine Sinne im vollen Umfang. Wie sie begierig alle Eindrücke aufnahmen und verarbeiteten. Das zähe Dahinfließen, das tonnenschwere, erdrückende Gewicht und die Kälte des Kreuzweges lösten sich im Frühling dieser weiten Ebene auf, bis sie nur noch wie ein zarter Nebelschleier mich umfingen und letztendlich meinem Schritte nicht mehr folgen konnten. Ich war aus einem Traum in einem Traum erwacht. Nur zaghaft wagte ich mich fortzubewegen. Als zu schön, zu zauberhaft empfand ich dieses Fleckchen Erde, nachdem ich meine Reise an solch einem grauenhaften Ort begonnen hatte. Nun erschien es wie ein Hinterhalt, der mit jedem Augenblick über mich hereinbrechen könnte. Es geschah jedoch nichts. Unbekümmert setzte ich meinen Weg fort. Erst später überkam mich der Gedanke, wie ich an diesen Ort hatte gelangen können. Ich erkannte ihn genau und wusste auch, dass ich zuvor schon einmal hier gewesen war. Wie ich jedoch, ohne die Hilfe des Alten, hierherkam, konnte ich mir selbst nicht beantworten. Den Weg zu verlassen, der schnurgerade durch die Landschaft und, wie zuvor, auf die

Kuppe eines Hügels hinaufführte, traute ich mich nicht. Auch wenn die umliegenden Felder und Wiesen geradezu dazu einluden, sie zu erkunden und auf ihnen zu rasten. Wie leichtfüßig ich doch durch diese Welt schweifte! Wie weit war ich nun entfernt von all den Problemen des Lebens! Kein Hunger oder Durst, keinerlei Begierde plagten mich. Dies war der größte Unterschied zwischen mir und den Menschen: Auch sie liefen von einem Ort zum andern. Wussten nichts, suchten Antworten und fanden doch nur Rätsel, die bis zu ihrem Lebensende nicht gelöst wurden. So würde es auch mir ergehen. Jedoch bin ich, im Gegensatz zu ihnen, leer und frei und ohne Gram. Warum sich auch sorgen? Warum sich unnötig den Kopf zerbrechen? Am Ende wird der Schnitter jeden Weizen ernten. Schau dich nur um! Hinter jedem Baume steht er und grinst dich an. Auf jedem Giebel sitzt er und deutet auf dich, ruft deinen Namen. Warum also nicht, von den dumpfen Mauern der Bedürfnisse und des Leids umschlossen, die Seele im Kern ruhen lassen?

So ging ich meines Weges. Der Hügel in der Ferne schälte sich nach und nach aus dem ihn umschließenden Dunst. Etwas störte jedoch diesen sommerlichen Schein. Erst als ich mich ein paar Schritte genähert hatte, bemerkte ich, dass die Weiden vor dem Aufstieg sich deutlich von dem satten Grün unterschieden. Wie ein Missklang in einer sonst vollkommenen Melodie hingen sie am Fuße des Hügels. Ich kam immer näher. Links und rechts des Weges nahm ich vereinzelte Formen wahr, die weit verstreut in der Ebene standen. Symmetrische Gestalten, die von einem

gräulichen Schimmer umschlossen waren und wie Pilze aus dem Boden schossen. Je mehr es wurden, umso mehr schien auch das Licht des Tages schwächer zu werden. Alsbald erkannte ich die Formen als aufrecht stehende Hölzer, die teils verziert waren und sich mittlerweile bis zum Horizont erstreckten. Ich befand mich auf dem Totenanger des Universums. Gepeinigt und erschrocken begann ich zu laufen. Die stummen Mahnmale vergangener und verfehlter Leben zogen rauschend in meinem Augenwinkel vorbei. Meine Lunge brannte wie Feuer und presste bei jedem Schritt einen klagenden Ton hervor. Dem Irrsinn verfallen, erreichte ich den Hügel, den ich mit letzter Kraft, teils auf allen Vieren, erklomm. Ein peitschender Ton, gefolgt von einem hellen Blitz, streckte mich nieder. Nun war es stockfinster.

Als ich die Augen öffnete, befand ich mich, zu meiner Verwunderung, in der Auenlandschaft des dritten Ortes. Zerbrochen durch diese schier endlose Reise und den steten Schrecken der merkwürdigsten Orte, fiel ich auf meine Knie und fing bitterlich an zu weinen. Tagelang musste ich bereits unterwegs gewesen sein, ohne auch nur die geringste Ahnung zu haben, was der Grund und das Ziel dieser Reise waren. Mit tränenüberströmtem Gesicht und verquollenen Augen kauerte ich nun in diesem wunderschönen Landstrich, der in vollster Blüte stand.

Ein Fuchs, der sich in auffällig kurzer Distanz zu mir befand, erweckte meine Aufmerksamkeit. Durch mein Gejammer vom Trinken abgehalten, stand er starr an einem kleinen Tümpel und musterte mich aufmerksam. Jedoch zeigte er keinerlei Anzeichen von Angst oder einer bevorstehenden Flucht. Die Neugierde war beiderseits, denn ich war doch sehr verwundert über diesen seltsamen Anblick. Langsam näherte ich mich, bis ich nur noch wenige Meter von diesem eigenartigen Tier entfernt war. Ohne Regung richtete der Fuchs das Wort an mich:

„Wie lange schon hat man vergeblich auf dich gewartet, damit du deinen dir zugedachten Dienst aufnimmst. Sieh hin, die Toten schwinden bereits. Sie sinken unaufhörlich hinab und fallen ihrer Natur zum Opfer. Verweile nicht, sondern geh deines Weges!"

Ich ließ meinen Kopf zurück in meine Hände fallen.

„Es nimmt kein Ende. Möge ich doch augenblicklich zu Staub zerfallen. Keins dieser Rätsel kann mein Geist erfassen."

Der Fuchs neigte seinen Kopf dem Wasser zu und nahm einen weiteren Schluck.

„Die Antwort liegt direkt unter deinen Füßen, in jedem Baum und in jeden Grashalm. Öffne deine Augen und erwache."

Ich richtete mich auf und rieb mir halb benommen die Stirn. Zögerlich machte ich ein paar Schritte auf den Teich zu, an dem der Fuchs abermals, in völliger Ruhe, zu trinken angefangen hatte. In dem recht trüben Wasser sah ich zum ersten Mal, seit Beginn meiner Reise, wieder mein eigenes Spiegelbild, wie es unruhig auf der Oberfläche pulsierte. Fürchterlich sah ich aus. Das Alter schien rasend schnell an mir genagt zu haben. Graumeliert und mit durchfurchtem Gesicht glich ich eher einem

Greis als einem Mann im besten Alter. Mein Spiegelbild zerfiel mit einem aufkommenden Windhauch und wurde langsam von hauchfeinen Wellen davongetragen. Noch lange blickte ich meinem eigenen Abbild hinterher, bis sich darin einzelne Konturen einschlichen, die aus der Tiefe des Tümpels emporzukriechen schienen. Zuerst dachte ich an eine optische Täuschung, hervorgerufen durch mein zu langes Starren auf eine sich bewegende Oberfläche. Doch nach und nach wurden die Silhouetten immer deutlicher, bis sie den ganzen Raum einnahmen. Mit einem Ruck schreckte ich zurück. Ganze Gliedmaßen, Arme und Beine, aber auch Gesichter waren ineinander verschlungen und schwebten unter der Wasseroberfläche der trüben Brühe. Ich erkannte sie alle. Gesichter, die ich seit Jahren nicht mehr vor Augen gehabt hatte. Längst vergessene Begegnungen, kurze Bekanntschaften und alte Freundschaften. Seit Ewigkeiten als ein schwaches Echo in meinem Unterbewusstsein gespeichert, lagen sie nun ausgebreitet vor mir in ihrem nassen Grab. Wie rasend drehte ich mich und betrachtete die Umgebung. Tatsächlich verbarg sich in jeder Baumrinde oder Baumkrone, jedem Stein und jedem Fleckchen Erde eine Erinnerung. Erinnerungen eines ganzen Menschenlebens fanden hier ihr Ende und verschmolzen mit diesem Ort, der der Ursprung, ja gleichsam Mutter und Vater meines eigenen Ichs sein musste. Ich konnte den Anblick und vor allem die tiefe Erkenntnis dieser Landschaft nicht mehr ertragen. Zu nah war mir mein innerster Kern vor

Augen erschienen. Schnell jedoch wichen der anfängliche Schrecken und die Verzweiflung einem Gefühl tiefster Resignation und Machtlosigkeit. Ein Gefühl, das nur derjenige kennt, der an die äußerste Grenze seiner Erkenntnis gelangt und in den dunklen Abgrund grenzenlosen Alleinseins blickt, aus dessen Schoß er emporgestiegen ist. Wie von unsichtbarer Hand gelenkt, richtete ich meinen Blick auf einen Erdhaufen der, unweit von mir, inmitten herrlicher Wildblumen das satte Grün zerschnitt. Augenblicklich wusste ich, was dort zu finden war. Ich stand vor mir und schaute auf meinen regungslosen Körper herab, der in einem flachen, schmucklosen Grab beständig in die Tiefe rutschte.

Wie lange ich schon hier bin, kann ich nicht sagen. Seit Jahren, Stunden oder Minuten. Vielleicht war ich, ohne es zu wissen, auch schon immer hier. Es ist nicht mehr von Belang. Ich kann die Toten nicht mehr halten. Nur ab und zu werfe ich eine Schaufel Erde unter meinen Körper, damit dieser nicht noch tiefer sinkt. Ich bin mir jedoch bewusst, dass meine Bemühungen aussichtslos sind. Die Blumen werden verdorren, der Himmel wird sich schwarz färben und all das, was Atem hat, wird verderben. Das Vergessen wird über diese Landschaft herfallen wie ein wütender Sturm. In Finsternis bin ich gekommen und in Finsternis fahre ich dahin. Ich werde die Sonne nie gesehen, noch gekannt haben.

Inhalt

„Aus Tod wird Heimat“ ist eine Sammlung von Gemälden und Fotografien des Mainzer Künstlers Tobias Könemann. Ergänzt durch seine philosophischen Texte ergibt sich ein faszinierender Querschnitt durch ein Schaffenswerk, das irgendwo zwischen Himmel und Hölle angesiedelt ist.

Pandämonium Verlag
ISBN: 978-3-944893-02-0
76 Seiten, Hochglanzfarbdruck
Preis € 29,95